Pe. Thiago Faccini Paro

O Caminho

Diário Catequético e Espiritual do Catequizando

Eucaristia – 1ª Etapa

"O que nós ouvimos, o que aprendemos, o que nossos pais nos contaram, não ocultaremos a nossos filhos; mas vamos contar à geração seguinte as glórias do Senhor, o seu poder e as obras grandiosas que Ele realizou." (Sl 78,3-4)

EDITORA VOZES

Petrópolis

© 2014, Editora Vozes Ltda.
Rua Frei Luís, 100
25689-900 Petrópolis, RJ
www.vozes.com.br
Brasil

1ª edição, 2014.

8ª reimpressão, 2025.

Todos os direitos reservados. Nenhuma parte desta obra poderá ser reproduzida ou transmitida por qualquer forma e/ou quaisquer meios (eletrônico ou mecânico, incluindo fotocópia e gravação) ou arquivada em qualquer sistema ou banco de dados sem permissão escrita da editora.

Conselho editorial

Diretor
Volney J. Berkenbrock

Editores
Aline dos Santos Carneiro
Edrian Josué Pasini
Marilac Loraine Oleniki
Welder Lancieri Marchini

Conselheiros
Elói Dionísio Piva
Francisco Morás
Gilberto Gonçalves Garcia
Ludovico Garmus
Teobaldo Heidemann

Secretário executivo
Leonardo A.R.T. dos Santos

Produção editorial
Aline L.R. de Barros
Jailson Scota
Marcelo Telles
Mirela de Oliveira
Natália França
Otaviano M. Cunha
Priscilla A.F. Alves
Rafael de Oliveira
Samuel Rezende
Vanessa Luz
Verônica M. Guedes

Equipe de redação
Edi Longo; Rosimeire Mendes; Sueli Moreira Pierami e Pe. Thiago Faccini Paro

Colaboração e agradecimentos
Dom Edmilson Amador Caetano, O.Cist.; Elenice de Jesus Soares; Fransilvia Panaque; Luci de Fátima Ocaso; Ir. Helenice Maria Ferreira de Souza, pme; Iolanda Durigan; Lucas Borges; Pe. Nivaldo Luiz Moisés Junior; Pe. Ronaldo José Miguel.

Projeto gráfico e diagramação: Ana Maria Oleniki
Ilustração: Alexandre Maranhão
Capa: Ana Maria Oleniki

ISBN 978-85-326-4878-5

Este livro foi composto e impresso pela Editora Vozes Ltda.

Este Diário Catequético e Espiritual pertence a:

Nome

Data de Batismo

Pais e/ou responsáveis

Endereço

E-mail

Paróquia

Comunidade

Diocese

Catequista

SUMÁRIO

Apresentação, 7

I PARTE – MEUS ENCONTROS DE CATEQUESE

Meu momento de oração diária, 12

1º Encontro – Um novo amigo, 13

2º Encontro – O começo de uma nova história, 17

3º Encontro – Ele é Filho de Deus, 22

4º Encontro – Pelo nosso SIM formamos uma só família, 27

5º Encontro – Somos escolhidos, 30

6º Encontro – Celebração da água, 34

7º Encontro – O amor de DEUS, 38

8º Encontro – A fragilidade humana, 43

9º Encontro – Tempo de reflexão, 47

10º Encontro – O que Jesus pregou, 51

11º Encontro – Jesus não foi aceito por muitos, 55

12º Encontro – Celebração Penitencial, 59

13º Encontro – A vitória da cruz, 63

14º Encontro – Cristo está vivo!, 67

15º Encontro – Acreditar sem ver: a fé, 71

16º Encontro – Um caminho, 74

17º Encontro – O alimento da Palavra, 78

18º Encontro – Não estamos sozinhos, 82

19º Encontro – O Espírito de Deus está em nós, 86

20º Encontro – O alimento da Eucaristia, 90

21º Encontro – João Batista: precursor do Reino, 94

22º Encontro – São Pedro e São Paulo: colunas da Igreja, 99

23º Encontro – Nas pegadas de Jesus: ser discípulos, 103

24º Encontro – O que vimos e ouvimos: testemunhar Jesus, 107

25º Encontro – Fazer o que Ele pediu, 111

26º Encontro – Ouvir e seguir a voz do Pastor, 115

27º Encontro – Bíblia: coleção de livros, 119

28º Encontro – Bíblia: Livro Sagrado, 123

29º Encontro – Bodas de Caná, 127

30º Encontro – Jesus cura o filho do funcionário do rei, 131

31º Encontro – Jesus cura o paralítico, 135

32º Encontro – A partilha dos pães, 139

33º Encontro – Jesus caminha sobre as águas, 144

34º Encontro – O cego de nascença, 148

35º Encontro – A ressurreição de Lázaro, 152

II PARTE – MEU DOMINGO

Primeira parte – Ciclo do Natal, 162

Segunda parte – Ciclo da Páscoa, 168

Terceira parte – Tempo Comum, 178

Algumas orações cristãs, 196

APRESENTAÇÃO

Querido(a) catequizando(a),

A partir de hoje este pequeno diário será seu companheiro, onde você irá relatar sua experiência e vivência de fé.

Que este te ajude a meditar as coisas aprendidas na catequese e te aproxime do amigo Jesus e da sua Palavra.

Pe. Thiago Faccini Paro

O que é o *Diário Catequético e Espiritual?*

O *Diário* é um complemento da catequese, onde você poderá recordar o que foi refletido nos encontros de catequese e escrever diariamente sua oração, pedidos e agradecimentos a Deus, bem como registrar a sua participação na Santa Missa, meditando o que foi celebrado.

O *Diário* está dividido em duas partes:

I PARTE – MEUS ENCONTROS DE CATEQUESE

Na primeira parte você encontrará uma orientação para o seu momento de oração diária e os temas dos encontros vivenciados na catequese e algumas atividades para relembrá-los, além de espaço para escrever seus pedidos de oração, agradecimentos e louvores. Todos os dias você poderá registrar como foi o seu momento de oração.

II PARTE – MEU DOMINGO

Na segunda parte do *Diário*, você encontrara um espaço para acompanhar as celebrações do Ano Litúrgico e registrar sua participação. Lembramos que a Santa Missa é o ponto alto da nossa fé.

Como usar o *Diário Catequético e Espiritual*

➤ Uma vez por semana medite sobre o seu encontro de catequese e realize as atividades propostas para cada tema. No final, lembre-se das pessoas que você ama e as que pediram e necessitam de oração e escreva o nome de cada uma delas no local indicado no final das atividades e reze por elas no decorrer da semana, durante seu momento de oração pessoal.

➤ Uma vez por semana também, na segunda parte deste livro, depois de ter participado da Santa Missa, escreva o que mais te chamou atenção na celebração e na Palavra de Deus que foi proclamada.

O que teremos este ano na catequese?

A nossa catequese esta recheada de atividades, e sua participação é muito importante. Para isso é preciso que você esteja atento a todas as datas dos encontros, celebrações e reuniões, convidando de modo especial seus pais ou responsáveis para deles participarem.

➤ Registre ou cole aqui o programa de atividades da catequese que seu catequista irá lhe entregar e lembre-se de consultá-lo sempre junto com sua família.

I PARTE

Meus encontros de catequese

Meu momento de oração diária

Todos os dias faça o seu momento de oração pessoal. Escolha um lugar calmo, tranquilo e ali se coloque em profundo silêncio. Peça que Deus envie seu Espírito para te iluminar. Poderá rezar a oração do Espírito Santo.

Vinde, Espírito Santo,
enchei os corações dos vossos fiéis
e acendei neles o fogo do vosso amor.
Enviai o vosso Espírito, e tudo será criado,
e renovareis a face da terra.

Oremos:
Ó Deus,
que instruístes os corações dos vossos fiéis
com a luz do Espírito Santo,
fazei que apreciemos retamente todas as coisas
segundo este mesmo Espírito
e gozemos sempre da sua consolação.
Por Cristo, Senhor nosso. Amém.

Depois pare, respire fundo e escute Deus que te fala no silêncio.

Depois de escutar, faça a sua oração... Pedindo... Agradecendo...

Este momento em que dedica a Deus um pequeno tempo do seu dia a dia o ajudará a compreender, desde cedo, o tamanho do AMOR de Deus por você e o ajudará a encontrar o sentido da vida.

1º Encontro

Um novo amigo

O nosso grupo de catequese se forma para juntos conhecermos o maior e melhor amigo de todos nós: a pessoa de Jesus Cristo.

Quando as pessoas traziam as crianças para ficar perto de Jesus, Ele dizia:

"Deixai vir a mim as crianças [...]. Jesus abraçava as crianças e as abençoava, impondo as mãos sobre elas" (Mc 10,13-16).

★ É hora de pensar e registrar o meu encontro

✳ Como foi o meu primeiro encontro de catequese? O que mais gostei?

_____

_____

_____

_____

✳ Qual foi a atitude de Jesus que descobri e que também posso realizar?

_____

_____

✳ O que aprendi que posso ensinar para alguém que não está partici-pando da catequese?

_____

_____

_____

_____

★ Seus pedidos e intenções de oração da semana

➤ Qual o nome do amigo para quem você irá rezar esta semana? Cole aqui o cartão que recebeu com seu nome.

➤ Em relação a este compromisso descreva:

• Como se organizará para cumpri-lo.

_____

_____

_____

- Como se sente ao ter esse compromisso.

- Antes do segundo encontro desenhe em forma de história em quadrinhos como viveu este compromisso: que orações fez por seu amigo, o que pensou durante esta semana em relação ao seu amigo...

- Escreva uma oração, pedindo a Deus que abençoe você, sua família e o seu amigo.

ESPAÇO COMPLEMENTAR

2º Encontro
O começo de uma nova história

O advento é o tempo da alegre espera que nos recorda o nascimento de Jesus, o qual transformou a vida de toda a humanidade.

A chegada de Jesus foi anunciada e preparada por João Batista, que proclamava a todos:

"Convertei-vos, porque está próximo o Reino dos Céus [...] Preparai o caminho do Senhor" (Mt 3,2-3).

✦ É hora de pensar e registrar o meu encontro

✳ O que aprendi essa semana no encontro da catequese?

_____
_____
_____
_____

✳ João Batista foi quem anunciou e preparou o caminho para a vinda de Jesus?

_____
_____

✳ E hoje, quem são os responsáveis em anunciar Jesus Cristo? O que fazem para isso?

_____
_____
_____
_____

✳ O que você aprendeu sobre o advento? Registre em forma de notícia para jornal.

✴ Faça um desenho da Coroa do Advento, pinte-a, e depois, ao seu redor, explique o que ela representa.

✴ Como você tem se preparado para celebrar a festa do nascimento de Jesus e acolhê-lo em seu coração?

_____

_____

_____

_____

✴ Seus pedidos e intenções de oração da semana

➤ Escreva os nomes das pessoas por quem você quer rezar.

➤ Anote e desenhe situações e motivos que necessitam da sua oração.

ESPAÇO COMPLEMENTAR

3º Encontro
Ele é Filho de Deus

Todos os dias tomamos decisões e dizemos sim ou não. Maria também precisou dar sua resposta a Deus, e desta resposta dependeria o futuro da humanidade. Afinal, ser mãe do Filho de Deus era uma responsabilidade muito grande.

Maria assumiu a missão de ser a mãe do filho de Deus, dizendo:

"Eis aqui a serva do Senhor. Aconteça comigo segundo tua palavra!" (Lc 1,38).

✴ É hora de pensar e registrar o meu encontro

✴ No encontro da catequese, vimos que Deus escolhe uma mulher para ser a Mãe de Jesus. Por que Deus a escolhe?

_____
_____
_____
_____
_____
_____

✴ Você saberia citar as reações, sentimentos de Maria diante da proposta do anjo?

_____
_____
_____

✴ Já viveu alguma dessas reações e sentimentos? Quando e por quê?

_____
_____
_____
_____
_____

✴ A exemplo de Maria, como podemos dar nosso SIM a Deus?

✶ Colar e rezar a oração do *Angelus* que você recebeu no encontro de catequese.

✶ **Seus pedidos e intenções de oração da semana**

➤ Escreva os nomes das pessoas por quem você quer rezar.

➤ Anote situações e motivos que necessitam da sua oração.

➤ Durante a semana não se esquecer de rezar a oração da "Ave-Maria" antes de dormir. Se possível, convide todos de sua casa para rezarem também. Pense e escreva como você poderá fazer esse convite para rezarem juntos.

ESPAÇO COMPLEMENTAR

4º Encontro

Pelo nosso SIM formamos uma só família

Para viver em comunidade, ninguém pode se achar melhor ou superior que o outro. Precisamos uns dos outros para viver. Ninguém vive sozinho. Quando nos unimos, nos complementamos e formamos uma grande comunidade, uma grande família onde cada um coloca o seu dom a serviço de todos. Desta forma, nos unimos a Jesus como continuadores de sua missão: construir o Reino.

Paulo ao escrever aos romanos dizia:

"Pois assim como num só corpo temos muitos membros e cada um de nossos membros possui diferente função, também nós, sendo muitos, somos um só corpo em Cristo, mas cada membro está a serviço dos outros membros" (Rm 12,4-5).

✱ É hora de pensar e registrar o meu encontro

✱ Na comunidade existem vários serviços. Procurar conhecer alguns deles e descrevê-los:

_____
_____
_____
_____
_____
_____
_____

✱ Identifique nestes serviços os dons que as pessoas precisam ter para ajudar a comunidade.

E você o que sabe fazer bem? Pare, pense e responda:

✱ Quais são os seus dons? Como você poderá colocá-los a serviço da comunidade?

_____
_____
_____
_____

✱ Seus pedidos e intenções de oração da semana

➤ Escreva os nomes das pessoas por quem você quer rezar.

➤ Anote situações e motivos que necessitam da sua oração.

ESPAÇO COMPLEMENTAR

5º Encontro

Somos escolhidos

Deus não escolhe os que são vistos como melhores pela sociedade, Deus chama e escolhe a todos. Para Deus todos podem contribuir, e juntos formar um mundo melhor e mais fraterno.

Deus também chama a cada um de nós para colaborar na construção de um mundo mais fraterno, através do anúncio da sua Palavra e do seu seguimento.

"Irmãos, olhai para vós que fostes chamados por Deus [...] Deus o escolheu para confundir os fortes" (1Cor 1,26-27).

❋ É hora de pensar e registrar o meu encontro

✳ Deus nos escolhe para quê?

_____
_____
_____
_____
_____
_____

✳ Quais são as pessoas que precisam de nossa ajuda hoje em nossa sociedade?

_____
_____
_____
_____
_____
_____

✳ O que aprendeu no encontro que poderá ajudá-lo a agir como alguém escolhido por Deus?

❋ Seus pedidos e intenções de oração da semana

➤ Escreva os nomes das pessoas por quem você quer rezar.

➤ Anote situações e motivos que necessitam da sua oração.

➤ Colar a flor com o nome do amigo da catequese e rezar por ele durante toda esta semana.

ESPAÇO COMPLEMENTAR

6º Encontro

Celebração da água

A água é um elemento natural, criado por Deus, e do qual deve ser cuidado e usado com responsabilidade.

A água foi um dos elementos escolhidos por Jesus para falar de si mesmo, como Água Viva, pois Cristo é aquele que mata a nossa sede e nos dá a vida.

"Quem crê em mim, como diz a Escritura, do seu interior correrão rios de água viva" (Jo 7,38).

❋ É Hora de pensar e registrar o meu encontro

✳ Por que a água é usada no Batismo?

✳ Por que Jesus usa da água para falar de si mesmo?

✳ Você compreende a importância da água para a humanidade? O que pode fazer para economizar e usufruir bem deste elemento da natureza?

★ Seus pedidos e intenções de oração da semana

➤ Escreva os nomes das pessoas por quem você quer rezar.

➤ Anote situações e motivos que necessitam da sua oração.

ESPAÇO COMPLEMENTAR

7º Encontro

O amor de DEUS

O amor de Deus é incondicional, ou seja, Ele não espera nada em troca. O amor de Deus é generoso, e por isso mesmo, diante de nossos erros, Ele continua a nos amar. Por amor a nós, Deus envia seu Filho Jesus para nos salvar.

"Deus amou tanto o mundo que entregou seu Filho único, para todo aquele que nele crer não morra, mas tenha a vida eterna" (Jo 3,16).

✦ É hora de pensar e registrar o meu encontro

✳ O que você aprendeu no encontro de catequese?

_____

_____

_____

_____

✳ Recortar e colar algumas figuras que retratem o amor de Deus por nós e ao próximo:

✳ Como você demostra o amor que tem pelos seus pais e por aqueles que estão ao seu redor?

_____

_____

_____

_____

✳ Como foi sua experiência de chegar da catequese e abraçar seus familiares, dizendo-lhes que os ama?
- Responda desenhando o rosto de seus familiares e suas expressões faciais diante de sua atitude.
- Depois escreva uma frase resumindo o que você sentiu.

✸ Seus pedidos e intenções de oração da semana

➤ Escreva os nomes das pessoas por quem você quer rezar.

➤ Anote e desenhe situações e motivos que necessitam da sua oração.

ESPAÇO COMPLEMENTAR

8º Encontro

A fragilidade humana

Deus nunca nos abandona, está sempre à nossa espera, porque nos ama mesmo que sejamos ingratos e pecadores. Deus nos espera de braços abertos e sempre nos da uma nova chance de recomeçar. Basta nos arrependermos e irmos ao Seu encontro.

"Pai, pequei contra Deus e contra ti. Já não sou digno de ser chamado teu filho [...] Ainda longe o pai o viu e ficou comovido. Correu-lhe ao encontro e o abraçou cobrindo-o de beijos." (Lc 15,18-20).

✽ É hora de pensar e registrar o meu encontro

✳ Qual foi a atitude do Pai e qual foi a atitude do filho mais novo no Evangelho que escutamos na catequese? (Lc 15,11-32)

✳ No início da Quaresma somos convidados à mudança de vida e à conversão. Que atitudes você precisa mudar?

✳ Como pretende se comprometer durante a Quaresma para realizar mudanças de atitudes?

✳ Descreva qual o significado das cinzas distribuídas na quarta-feira.

✦ Seus pedidos e intenções de oração da semana

➤ Escreva os nomes das pessoas por quem você quer rezar.

➤ Anote e desenhe situações e motivos que necessitam da sua oração.

ESPAÇO COMPLEMENTAR

9º Encontro

Tempo de reflexão

No Tempo da Quaresma somos convidados à reflexão e à mudança de vida, à conversão. Isto porque constantemente somos tentados a realizar coisas que nem sempre fazem bem a nós e aos outros, a escolher o que é mais fácil e que dá mais prazer. Essas escolhas podem ser ilusórias, pois nos satisfazem momentaneamente e também podem nos afastar de Deus. O próprio Jesus foi tentado, mas Ele venceu a tentação do pão, prestígio e poder, dizendo:

"Não é só de pão que vive o ser humano. [...] Adorarás ao Senhor teu Deus e só a Ele servirás [...] Não tentarás o Senhor teu Deus" (Lc 4,4-12).

✦ É hora de pensar e registrar o meu encontro

✳ No decorrer da semana escrever quais as tentações que você enfrenta no dia a dia?

_____

_____

_____

_____

_____

_____

✳ Crie uma história em quadrinhos para mostrar como você pode vencer as tentações para se manter fiel aos ensinamentos de Jesus.

✦ Seus pedidos e intenções de oração da semana

➤ Escreva os nomes das pessoas por quem você quer rezar.

➤ Anote e desenhe situações e motivos que necessitam da sua oração.

ESPAÇO COMPLEMENTAR

10º Encontro

O que Jesus pregou

Jesus durante toda a sua vida pregou o amor, o acolhimento e o perdão. Jesus nunca julgou e nem excluiu ninguém; pelo contrário, foi ao encontro dos pecadores, dos que mais precisavam, e com seu gesto de amor lhes oferecia uma nova vida. Diante dos acusadores e da mulher pecadora, Jesus diz:

> "Aquele de vós que estiver sem pecado atire-lhe a primeira pedra [...] Ao ouvirem isto, foram saindo um a um [...] Nem eu te condeno. Vai, e de agora em diante não peques" (Jo 8,7-11).

✳ É hora de pensar e registrar o meu encontro

✳ No encontro de catequese refletimos sobre o amor, acolhimento e o perdão. Pensando sobre isso responda:

- Você teve alguma atitude que possa ter magoado ou prejudicado alguém?
- O que você pode fazer para reparar este erro?

_____

_____

_____

_____

_____

_____

✳ Qual deve ser a sua reação e atitude diante dos erros e limitações dos outros?

_____

_____

_____

_____

_____

_____

✳ Seus pedidos e intenções de oração da semana

➤ Escrever uma oração pedindo que Deus perdoe os seus erros e os das pessoas que podem ter te deixado triste.

➤ Escreva os nomes das pessoas por quem você quer rezar.

➤ Anote e desenhe situações e motivos que necessitam da sua oração.

ESPAÇO COMPLEMENTAR

11º Encontro

Jesus não foi aceito por muitos

Jesus andou por toda parte fazendo somente o bem, não se importando com o que diziam dele. Muitos não o aceitaram. Mas Ele não se deixou desanimar e nem se preocupou em agradar essas pessoas, e sim ocupou-se de perseverar anunciando a Boa-nova do Reino, fazendo a vontade de Deus Pai. Diversas vezes para agradar os outros, acabamos fazendo coisas erradas.

É preciso sermos como Jesus e ficarmos atentos à Palavra de Deus que nos ilumina, e fiéis a ela conseguimos ser perseverantes, não nos deixando conduzir por qualquer caminho que não seja o caminho do bem, do respeito por nós, pelas pessoas que amamos e respeitamos.

"Deus não faz distinção de pessoas. Ao contrário, quem o teme e pratica justiça, em qualquer nação, é aceito por Ele" (At 10,34-40s).

✹ É hora de pensar e registrar o meu encontro

✴ Qual a sua atitude quando você vê alguma pessoa fazendo algo errado? Você os segue e faz o mesmo?

✴ Jesus nos convida a segui-lo sempre fazendo o bem. Que atitudes devemos ter para guiar as pessoas para o caminho do bem?

✴ Descrever fatos e acontecimentos que vão contra o que Jesus ensinou:

✴ Às vezes somos tentados a trocar a catequese e a Santa Missa para brincar ou por alguma festa. Qual deve ser nossa atitude enquanto seguidores de Jesus?

✴ Seus pedidos e intenções de oração da semana

➤ Escreva os nomes das pessoas por quem você quer rezar.

➤ Anote situações e motivos que necessitam da sua oração.

➤ Rezar a oração de São Francisco de Assis.

"Senhor, fazei-me instrumento de vossa paz.
Onde houver ódio, que eu leve o amor,
Onde houver ofensa, que eu leve o perdão,
Onde houver discórdia, que eu leve a união,
Onde houver dúvida, que eu leve a fé,
Onde houver erro, que eu leve a verdade,
Onde houver desespero, que eu leve a esperança,
Onde houver tristeza, que eu leve a alegria,
Onde houver trevas, que eu leve a luz.
Ó Mestre, fazei que eu procure mais
consolar que ser consolado;
compreender que ser compreendido,
amar, que ser amado.
Pois é dando que se recebe
é perdoando que se é perdoado
e é morrendo que se nasce para a vida eterna... Amém!"

ESPAÇO COMPLEMENTAR

12º Encontro

Celebração Penitencial

Deus deseja que sejamos bons uns com os outros, para que todos juntos vivamos felizes. Entretanto, nem sempre as pessoas agem de acordo com a vontade de Deus. Elas dizem: "Não obedeço! Eu faço o que quero!" Não obedecem a Deus nem querem ouvir a sua voz. Também nós agimos assim muitas vezes. Isto é o que chamamos pecado, pelo qual nos afastamos de Deus.

Constantemente, precisamos nos colocar na presença de Deus para reconhecermos nossas faltas e restabelecermos a nossa amizade com Ele.

"Eu vos digo que também no céu haverá mais alegria por um pecador que se converte do que por noventa e nove justos que não necessitam de conversão" (Lc 15,7).

☀ É hora de pensar e registrar o meu encontro

✳ Como foi participar da celebração penitencial? O que foi refletido?

✳ O que acontece com nossa relação com Deus quando pecamos?

✳ O que pode fazer para evitar o pecado?

☀ Seus pedidos e intenções de oração da semana

➤ Escrever uma oração de agradecimento e louvor a Deus por seu amor e infinita bondade e misericórdia.

➤ Escreva os nomes das pessoas por quem você quer rezar.

➤ Anote e desenhe situações e motivos que necessitam da sua oração.

ESPAÇO COMPLEMENTAR

13º Encontro

A vitória da cruz

Jesus nos amou tanto que aceitou ser sacrificado na cruz. Doou sua própria vida para que todos o que nele creem possam ter a vida eterna. Por amor, Jesus morre na cruz, mas vence a morte no terceiro dia. Ele ressuscitou!

"Eles o mataram, pregando-o numa cruz. Mas Deus o ressuscitou ao terceiro dia" (At 10,39-40).

✸ É hora de pensar e registrar o meu encontro

✶ Quais os sacrifícios e renúncias que você tem feito por causa de Jesus?

✶ Como, a exemplo de Jesus, você pode dedicar um tempo de sua vida para ajudar os outros?

✶ Copiar ou colar a oração do Credo que você recebeu no encontro de catequese.

✴ Descrever as atividades que você participou durante a Semana Santa e o que mais você gostou.

★ Seus pedidos e intenções de oração da semana

➤ Escreva os nomes das pessoas por quem você quer rezar.

➤ Anote situações e motivos que necessitam da sua oração.

ESPAÇO COMPLEMENTAR

14º Encontro

Cristo está vivo!

Vivenciamos na Semana Santa a paixão, morte e gloriosa ressurreição de Jesus. Com alegria podemos afirmar que Cristo ressuscitou. Ele venceu a morte depois de uma caminhada de dor e sofrimento.

Hoje também passamos por diversas dificuldades, mas se nos mantivermos firmes na fé e animados para superar as dificuldades, também obteremos a vitória.

"Entrando no túmulo, viram um jovem sentado à direita, vestido de branco, e se assustaram. Ele lhes falou: Não vos assusteis! Estais procurando Jesus de Nazaré, que foi crucificado. Ele ressuscitou; não está aqui" (Mc 16,5-6).

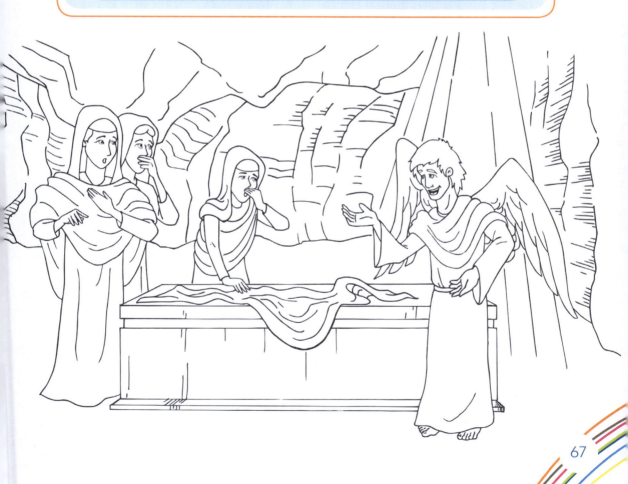

✦ É hora de pensar e registrar o meu encontro

Estamos celebrando a Páscoa, momento de festa e alegria, pois Cristo ressuscitou. Que neste tempo você possa ser alegria diante de uma realidade triste que algumas crianças podem estar vivendo.

✱ Verificar em casa, com ajuda dos pais ou responsáveis, se tem roupas, brinquedos para serem doados às crianças carentes. Depois de realizar a doação registrar como foi este momento.

_____

_____

_____

_____

_____

✱ Quais os sentimentos e dificuldade em escolher e separar o que ia ser doado?

✱ Quais os sentimentos e alegrias vivenciou ao observar como foi recebido o que foi doado? Responda criando uma história.

✴ Seus pedidos e intenções de oração da semana

➤ Escrever uma oração de agradecimento por tudo o que você tem (casa, comida, roupas, pessoas que te amam...)

➤ Escreva os nomes das pessoas por quem você quer rezar.

➤ Anote e desenhe situações e motivos que necessitam da sua oração.

ESPAÇO COMPLEMENTAR

15º Encontro

Acreditar sem ver: a fé

Tomé não acreditou no que seus amigos diziam sobre a ressurreição de Jesus. Somente depois que Jesus lhe apareceu e ele pôde colocar sua mão no corpo de Jesus é que reconheceu que Ele estava vivo.

Infelizmente algumas pessoas ainda não creem em Jesus, e isso pôde ocorrer porque nunca ninguém lhes apresentou a pessoa de Jesus.

"Jesus lhe disse: Porque me viste, acreditaste. Felizes os que não viram e creram" (Jo 20,29).

✦ É hora de pensar e registrar o meu encontro

✶ O que é ter fé em Jesus?

✶ Descreva os momentos nos quais você sente a presença de Jesus em sua vida.

✶ Você já falou de sua fé em Jesus para os seus amigos? Qual foi a reação deles?

✦ Seus pedidos e intenções de oração da semana

➤ Escreva os nomes das pessoas por quem você quer rezar.

➤ Anote situações e motivos que necessitam da sua oração.

ESPAÇO COMPLEMENTAR

16º Encontro

Um caminho

Jesus toma a iniciativa e vai ao encontro dos discípulos, que se dirigiam à cidade de Emaús, após a sua crucificação. Ele caminha ao lado deles e escuta suas angústias e, depois de ouvi-los, com sua Palavra e atitude devolve a esperança e a alegria a eles. Com os gestos de amor e solidariedade nós também podemos ter iniciativas de ir ao encontro daqueles que mais necessitam, e com eles partilhar o pouco que sabemos sobre Jesus e o que temos, sendo sinal de Deus na vida deles.

"Não era necessário que o Cristo sofresse tudo isso para entrar na sua glória? E, começando por Moisés e por todos os Profetas, foi explicando tudo que a Ele se referia em todas as Escrituras" (Lc 24,26-27).

★ É hora de pensar e registrar o meu encontro

★ Quais atitudes você deve ter para que o reconheçam como um cristão?

_____

_____

_____

_____

_____

_____

_____

★ Você escuta os conselhos dos mais velhos quando te dizem alguma coisa? Recorde e escreva alguns dos conselhos que já recebeu.

★ Que ensinamentos você pode transmitir a outras crianças dos encontros realizados até aqui como fez Jesus com os discípulos?

_____

_____

_____

_____

_____

_____

✦ Seus pedidos e intenções de oração da semana

➤ Escreva os nomes das pessoas por quem você quer rezar.

➤ Anote e desenhe situações e motivos que necessitam da sua oração.

ESPAÇO COMPLEMENTAR

17º Encontro

O alimento da Palavra

Assim como nosso corpo precisa diariamente de alimento para sobreviver, precisamos também alimentar a nossa fé, ouvindo a Palavra de Deus. Pela Palavra conhecemos o amor de Deus, seu carinho e fidelidade.

Jesus é a Palavra de Deus em nosso meio, do qual precisamos constantemente nos alimentar.

"Jesus falou de pé e em voz alta: Se alguém tiver sede venha a mim e beba" (Jo 7,37).

✴ É hora de pensar e registrar o meu encontro

✳ A Palavra de Deus é alimento para nossa vida. Convide seus pais ou responsáveis para juntos lerem e meditarem o texto do Evangelista João (Jo 7,37-39) e depois escreva o que refletiram:

_____
_____
_____
_____
_____
_____
_____
_____

✳ Faça um desenho retratando o que você entendeu da passagem do Evangelho e escreva uma frase que resuma o que você desenhou.

✦ Seus pedidos e intenções de oração da semana

➤ Escreva os nomes das pessoas por quem você quer rezar.

➤ Anote e desenhe situações e motivos que necessitam da sua oração.

ESPAÇO COMPLEMENTAR

18º Encontro

Não estamos sozinhos

Jesus confiou aos seus discípulos a tarefa de anunciar o Evangelho. Ele também confia em nós para sermos, através de nossos exemplos e testemunho, seus representantes no anúncio de sua Palavra, tendo a certeza que Jesus está sempre ao nosso lado.

"Ide, pois, fazei discípulos meus todos os povos, batizando-os em nome do Pai e do Filho e do Espírito Santo, ensinando-os a observar tudo quanto vos mandei. Eis que eu estou convosco, todos os dias, até o fim do mundo" (Mt 28,19-20).

✸ É hora de pensar e registrar o meu encontro

✷ Jesus tem uma missão especial para você: testemunhar o Evangelho. Como você pode colocá-la em prática?

_____

_____

_____

_____

_____

_____

✷ Faça um desenho que retrate a missão deixada por Jesus a todos nós, como nos relata o Evangelho de Mateus 28,19-20.

★ **Seus pedidos e intenções de oração da semana**

➤ Escreva os nomes das pessoas por quem você quer rezar.

➤ Anote situações e motivos que necessitam da sua oração.

➤ Escreva uma oração de confiança e agradecimento a Jesus que sempre está ao seu lado e nunca o abandona.

ESPAÇO COMPLEMENTAR

19º Encontro

O Espírito de Deus está em nós

Jesus, antes de subir para junto do Pai, nos deixa o Espírito Santo, para nos santificar e animar na caminhada de construção do Reino de Deus. Não o podemos ver, com os olhos humanos, mas podemos sentir a sua presença a fortalecer a nossa vida.

"Jesus disse-lhes de novo: A paz esteja convosco. Como o Pai me enviou, assim também eu vos envio. Após essas palavras, soprou sobre eles e disse: Recebei o Espírito Santo" (Jo 20,21-22).

✦ É hora de pensar e registrar o meu encontro

✳ Fechar os olhos uns instantese e pedir o Espírito Santo de Deus que o anime e fortaleça. Descrever a sensação que teve depois desse momento de oração.

_____

_____

_____

_____

_____

_____

✳ Qual é a ação do Espírito Santo em nós? Por que Deus o enviou a nós?

✳ Confeccione alguns cartões contendo de um lado o versículo bíblico de Mateus 3,3 e do outro a oração de invocação do Espírito Santo, e distribua aos seus familiares e amigos, convidando-os sempre a rezarem pedindo o Espírito Santo.

✶ Seus pedidos e intenções de oração da semana

➤ Escreva os nomes das pessoas por quem você quer rezar.

➤ Anote e desenhe situações e motivos que necessitam da sua oração.

ESPAÇO COMPLEMENTAR

20º Encontro

O alimento da Eucaristia

Jesus ao celebrar a Última Ceia com os discípulos diz que o pão é seu corpo e o vinho o seu sangue. Ao participarmos da Santa Missa recebemos o corpo e sangue de Cristo: a Eucaristia.

"Eu sou o pão vivo descido do céu. Se alguém comer deste pão viverá para sempre. E o pão que eu darei é minha carne para a vida do mundo" (Jo 6,51).

✴ É hora de pensar e registrar o meu encontro

✴ Como é participar da missa todos os domingos?

✴ Escreva as palavras que Jesus disse na Última Ceia e que são repetidas pelo padre em cada missa.

✴ Em que momento o padre repete as palavras ditas por Jesus na Última Ceia?

✴ Participe da missa e observe atentamente cada palavra e gesto que o padre faz durante a celebração. Depois descreva qual o momento da missa que mais te chama atenção e explique por quê.

✴ Seus pedidos e intenções de oração da semana

➤ Escreva os nomes das pessoas por quem você quer rezar.

➤ Anote situações e motivos que necessitam da sua oração.

ESPAÇO COMPLEMENTAR

21º Encontro

João Batista: precursor do Reino

João Batista foi responsável de anunciar e preparar os caminhos de Jesus. Hoje somos convidados a ser como João, a sermos os novos anunciadores preparando o Reino de justiça, paz, solidariedade por Ele anunciado.

"Eis que envio o meu mensageiro à tua frente; ele preparará o teu caminho. Voz de quem chama no deserto: preparai o caminho do Senhor, endireitai as suas estradas" (Mc 1,2-3).

✦ É hora de pensar e registrar o meu encontro

✳ João Batista pregou a conversão e a mudança de vida. No que você precisa se converter, quais gestos você se compromete em mudar?

_____
_____
_____
_____
_____
_____

✳ O que você precisa fazer para, a exemplo de João Batista, anunciar e ajudar a preparar o Reino anunciado por Cristo?

✳ A exemplo de João Batista, hoje você é convidado a falar de Jesus. Faça um resumo do que ensinará para as pessoas sobre Jesus. Depois, escreva o nome destas pessoas e faça uma oração para que verdadeiramente elas sigam Jesus.

✸ Seus pedidos e intenções de oração da semana

➤ Escreva os nomes das pessoas por quem você quer rezar.

➤ Anote situações e motivos que necessitam da sua oração.

SOLENIDADE DO SANTÍSSIMO SACRAMENTO DO CORPO E SANGUE DE CRISTO
(*Corpus Christi*)

A solenidade de *Corpus Christi* (Corpo de Cristo), é uma festa em que temos a oportunidade de testemunhar publicamente a nossa fé em Jesus presente na Eucaristia.

Em muitas comunidades tem-se o antigo costume de enfeitar as ruas, com tapetes confeccionados com diversos materiais, para a procissão com o Corpo de Cristo passar.

➤ Mantendo viva essa tradição, desenhe um bonito tapete, utilizando de vários materiais (casquinha de lápis, gliter, lantejoula, papel picado, entre outros). Se a sua comunidade tem o costume de confeccionar os tapetes, você poderá, com a ajuda de seus pais e catequista, reproduzi-lo nas ruas por onde passará a procissão.

ESPAÇO COMPLEMENTAR

22º Encontro

São Pedro e São Paulo: colunas da Igreja

Pedro, o primeiro papa, foi um grande líder que organizou a missão da Igreja, e Paulo, homem corajoso, levou a toda a parte o Evangelho de Cristo, formando muitas comunidades. Estes dois homens são modelo e exemplo de quem cumpre a sua missão de ser cristão, para todos nós até hoje. Jesus disse a Pedro:

"E eu te digo: Tu és Pedro, e sobre esta pedra construirei a minha Igreja e as portas do inferno nunca levarão vantagem sobre ela" (Mt 16,18).

✸ É hora de pensar e registrar o meu encontro

✳ Quem foi São Pedro e quem foi São Paulo? Pesquisar e escrever um pouco a história desses dois homens.

✳ Que atitudes de Pedro e Paulo você acha que podemos realizar ainda nos dias de hoje?

✳ Pela tradição da Igreja, o papa é o sucessor de Pedro. Qual o nome do nosso papa?

★ **Seus pedidos e intenções de oração da semana**

➤ Escreva os nomes das pessoas por quem você quer rezar.

➤ Anote situações e motivos que necessitam da sua oração

➤ Escreva uma oração pedindo a intercessão de Pedro e Paulo para que Deus guie e conduza o nosso papa, para que cumpra bem a sua missão.

101

ESPAÇO COMPLEMENTAR

23º Encontro

Nas pegadas de Jesus: ser discípulos

Jesus, durante a sua vida pública, não se cansou de chamar homens e mulheres para segui-lo. Ainda hoje, através da Igreja, Deus nos chama a segui-lo e a sermos pescadores de homens.

"Jesus lhes disse: 'Vinde comigo, e eu farei de vós pescadores de gente'. Deixando imediatamente as redes, eles o seguiram" (Mt 4,19-20).

✶ É hora de pensar e registrar o meu encontro

✶ Descreva o que é ser pescador de gente?
_____
_____
_____
_____

✶ Jesus convida as pessoas a segui-lo para fazer o quê?
_____
_____
_____

✶ Cole na rede o peixinho que você recebeu no encontro de catequese.

Escreva, ao redor da rede, uma frase respondendo a Jesus que te chama a segui-lo, a ser seu discípulo.

✦ Seus pedidos e intenções de oração da semana

➤ Escreva os nomes das pessoas por quem você quer rezar.

➤ Anote e desenhe situações e motivos que necessitam da sua oração.

ESPAÇO COMPLEMENTAR

24º Encontro

O que vimos e ouvimos: testemunhar Jesus

Com o Batismo assumimos o compromisso de testemunhar e anunciar a nossa fé a todos os cantos, sem medo, com coragem e força, para que o mundo também conheça Jesus, o Filho de Deus, aquele que amamos.

> "João deu testemunho: 'Eu vi o Espírito descer do céu em forma de pomba e permanecer sobre ele. [...] Eu vi e dou testemunho que este é o Filho de Deus" (Jo 1,32.34).

✶ **É hora de pensar e registrar o meu encontro**

✳ Com o Batismo nos tornamos filhos de Deus e recebemos uma missão. Qual?

✳ Escreva coisas e fatos que mostram a bondade de Deus, bem como as maravilhas que Ele realiza em nossa vida a cada dia.

✳ Escolha um fato ou acontecimento que escreveu sobre a bondade de Deus que gostaria de partilhar com as pessoas. Depois elabore um texto com ilustrações para explicar como a bondade de Deus se manifesta em nossas vidas.

✦ Seus pedidos e intenções de oração da semana

➢ Escreva os nomes das pessoas por quem você quer rezar.

➢ Anote situações e motivos que necessitam da sua oração.

➢ Fazer uma oração rezando pelos seus padrinhos de Batismo; acaso ainda não seja batizado, faça a oração pelos seus pais, para que um dia eles o apresentem para ser batizado:

109

ESPAÇO COMPLEMENTAR

25º Encontro

Fazer o que Ele pediu

O amor de Deus Pai e de Jesus supera todas as coisas, vence todas as barreiras, supera todas as limitações. É um amor que vai além, que gera, que forma, que fortalece e capacita a cada um para amar. Fazer o que Jesus nos pede é fazer o que Ele mesmo fez: amar!

> *"Caríssimos, amemo-nos uns aos outros, porque o amor vem de Deus [...] Se nos amarmos uns aos outros, Deus permanece conosco e seu amor é perfeito em nós"* (1Jo 4,7.12).

É hora de pensar e registrar o meu encontro

✴ Escreva algumas frases que podem ser ensinadas para as pessoas, sobre o que aprendeu que é o amor de Deus.

_____

_____

_____

_____

_____

✴ Jesus, por amor a Deus Pai e a nós, se entrega e morre na cruz. Você, enquanto catequizando, como tem correspondido o amor de Jesus?

_____

_____

_____

_____

_____

✴ Jesus nos disse: "amai-vos uns aos outros". Como você pode colocar isso em prática?

✦ **Seus pedidos e intenções de oração da semana**

➤ Escreva os nomes das pessoas por quem você quer rezar.

➤ Anote situações e motivos que necessitam da sua oração.

➤ A maior prova do Amor de Deus Pai por nós é olhar e ver seu Filho pregado na cruz. Observe a ilustração de Jesus crucificado e escreva uma oração agradecendo o seu amor por cada um de nós.

ESPAÇO COMPLEMENTAR

26º Encontro

Ouvir e seguir a voz do Pastor

Jesus diz que Ele é o Pastor que conduz e protege suas ovelhas. E as suas ovelhas somos nós, das quais, ele conhece e chama pelo nome. E nós, como ovelhas, devemos escutar a sua voz e segui-lo.

"Ele chama as ovelhas que lhe pertencem pelo nome e as leva para fora [...] vai na frente, e elas o seguem porque conhecem a sua voz" (Jo 10,3-4).

115

✦ É hora de pensar e registrar o meu encontro

✳ O que significa dizer que Jesus nos conhece?

_____

_____

_____

_____

_____

✳ No encontro aprendemos que somos como as ovelhas que ouvem e obedecem o pastor. Como você obedece os ensinamentos de Jesus, o nosso pastor?

_____

_____

_____

_____

_____

✳ Cole a ovelha confeccionada no encontro de catequese e medite em silêncio sobre o Salmo 22.

✶ Escreva o versículo ou a frase que você mais gostou do Salmo 22:

_____

_____

_____

_____

_____

_____

✶ Confeccione alguns cartões com versículos do Salmo 22 e distribua às pessoas que você mais gosta, dizendo que Jesus é o pastor que cuida de cada uma delas.

✦ Seus pedidos e intenções de oração da semana

➤ Escreva os nomes das pessoas por quem você quer rezar.

➤ Anote situações e motivos que necessitam da sua oração.

ESPAÇO COMPLEMENTAR

27º Encontro

Bíblia: coleção de livros

A Bíblia é uma coleção de livros, uma biblioteca num único volume. Foi escrita sob a luz da fé. Narra as experiências vividas por mulheres e homens em épocas, lugares e situações diferentes. Nas Sagradas Escrituras conhecemos o amor de Deus por cada um de nós.

"Desde a infância conheces as Sagradas Escrituras [...] a fim de que o homem de Deus seja perfeito e capacitado para toda boa obra" (2Tm 3,15.17).

✸ É hora de pensar e registrar o meu encontro

✳ O que é a Bíblia para você?

_____

_____

_____

_____

_____

_____

✳ Quantos livros contêm a Bíblia e como ela está dividida?

✳ Os livros da Bíblia estão divididos em Antigo Testamento (AT) e Novo Testamento (NT). Escreva o que contém cada uma destas partes.

• Antigo Testamento fala de....:

_____

_____

_____

_____

_____

_____

_____

- Novo Testamento fala de...:

_____
_____
_____
_____
_____
_____
_____
_____

✳ Procure na Bíblia e copie, com a ajuda de seus pais ou responsáveis, uma frase que você mais gostar.

_____
_____
_____
_____
_____
_____

✦ Seus pedidos e intenções de oração da semana

➤ Escreva os nomes das pessoas por quem você quer rezar.

➤ Anote situações e motivos que necessitam da sua oração.

ESPAÇO COMPLEMENTAR

28º Encontro

Bíblia: Livro Sagrado

Todo cristão diariamente é convidado a fazer seu momento de oração pessoal, e nele meditar a Sagrada Escritura, escutando o que Deus tem a lhe falar através da passagem lida e meditada.

"Num sábado, na sinagoga, [Jesus] se levantou para fazer a leitura. Deram-lhe o livro do Profeta Isaías. Abrindo o livro, deu com a passagem onde se lia: 'O Espírito do Senhor está sobre mim, porque Ele me ungiu para anunciar a Boa-nova..." (Lc 4,16-18).

123

✴ É hora de pensar e registrar o meu encontro

✳ Escreva abaixo os nomes dos livros do Antigo Testamento:

✳ Agora escreva o nome dos livros que compõem o Novo Testamento:

✳ Procure na Bíblia e transcreva a passagem do Evangelho de Mateus, capítulo 28 e versículos 18 a 20 (Mt 28,18-20).

✳ Explique com suas palavras como procurar os livros, capítulos e versículos na Bíblia.

_____
_____
_____
_____
_____
_____
_____
_____
_____
_____
_____
_____
_____
_____
_____

✳ Seus pedidos e intenções de oração da semana

➤ Escreva os nomes das pessoas por quem você quer rezar.

➤ Anote situações e motivos que necessitam da sua oração.

ESPAÇO COMPLEMENTAR

29º Encontro

Bodas de Caná

O Evangelista João apresenta sete sinais (milagres) em seu Evangelho. Em cada um dos sinais ele nos quer transmitir uma mensagem. A "bodas de Caná" é o primeiro sinal e também o primeiro milagre que Jesus realiza pelo pedido e intercessão de sua mãe.

"Sua mãe disse aos que estavam servindo: Fazei tudo o que Ele vos disser" (Jo 2,5).

É hora de pensar e registrar o meu encontro

✳ Desenhe em forma de história em quadrinhos, contando o primeiro milagre que Jesus realizou.

✳ Qual o papel de Maria, sua mãe, neste primeiro milagre?

★ **Seus pedidos e intenções de oração da semana**

➤ Escreva uma oração pedindo a intercessão de Maria, para que nunca falte saúde, paz, respeito, alegria em sua vida e na vida de sua família.

➤ Escreva os nomes das pessoas por quem você quer rezar.

➤ Anote situações e motivos que necessitam da sua oração.

ESPAÇO COMPLEMENTAR

30º Encontro

Jesus cura o filho do funcionário do rei

O segundo sinal apresentado pelo Evangelista João é o milagre em que Jesus cura o filho do funcionário do rei. O funcionário acredita e confia nas palavras de Jesus e retorna para casa, onde encontrava-se seu filho doente.

"Senhor, desce antes que meu filho morra. Jesus respondeu-lhe: Vai, teu filho está passando bem" (Jo 4,49-50).

✸ É hora de pensar e registrar o meu encontro

✳ Releia o texto de Jo 4,46-54 e escreva aquilo que mais te chamou atenção.

_____

_____

_____

_____

_____

_____

✳ Qual a mensagem que você tirou ao ler e meditar o segundo sinal apresentado por João em seu Evangelho (Jo 4,46-54).

_____

_____

_____

_____

_____

✳ Você já sentiu a ação de Jesus libertando você e sua família de algum mal, alguma doença? Diante disso o que tem a dizer a Jesus?

✦ Seus pedidos e intenções de oração da semana

➤ Escreva os nomes das pessoas por quem você quer rezar.

➤ Anote e desenhe situações e motivos que necessitam da sua oração.

ESPAÇO COMPLEMENTAR

31º Encontro

Jesus cura o paralítico

No terceiro sinal apresentado pelo Evangelho de João encontramos a cura de um paralítico. Ele representa toda uma população que vive em uma total carência de vida, de dignidade, que vive "paralisada" e explorada por aqueles que estavam no poder. Assim como o paralítico, ainda hoje muitas pessoas não têm ninguém por elas, vivem sem ter os seus direitos respeitados e são ignoradas pela sociedade e pelos governantes.

"Disse-lhe: Queres ficar curado? O doente respondeu: Senhor, não tenho ninguém..." (Jo 5,6-7).

✦ É hora de pensar e registrar o meu encontro

✳ Releia a passagem bíblica de Jo 5,1-9 do terceiro sinal realizado por Jesus e medite. Depois escreva qual a mensagem que você tirou deste evangelho.

_____

_____

_____

_____

✳ Jesus, ao perguntar ao paralítico se ele queria ficar curado, a sua resposta foi: "Senhor, não tenho ninguém..." Você conhece alguma história de pessoas que vivem isoladas e na solidão?

- Que tal escrever e desenhar no primeiro quadro uma história de uma pessoa que não tem ninguém por ela e no segundo quadro o que você pode fazer por ela.

- Depois de concluir, observe seu desenho e escreva palavras que expressem atitudes que precisam ser realizadas para melhorar a vida das pessoas ao nosso redor.

✦ Seus pedidos e intenções de oração da semana

➤ Escreva os nomes das pessoas por quem você quer rezar.

➤ Anote situações e motivos que necessitam da sua oração.

➤ Escrever uma oração para as pessoas que vivem sozinhas e estão abandonadas.

ESPAÇO COMPLEMENTAR

32º Encontro

A partilha dos pães

A "multiplicação dos pães" é o quarto sinal apresentado pelo Evangelista João. Quando estamos dispostos a partilhar os bens que Deus concebeu para todos, a semelhança do que fez Jesus, há o suficiente e necessário para todos e ainda sobra. Quando todos oferecem o pouco que têm, acontece um grande milagre, onde todos são saciados com fartura.

"Jesus tomou os pães, deu graças e deu-os aos que estavam sentados. Fez o mesmo com os peixes, dando-lhes o quanto queriam" (Jo 6,11).

✦ É hora de pensar e registrar o meu encontro

✳ O que Jesus ensina com o milagre da multiplicação dos pães? (Jo 6,1-15).

✳ Alguma vez já se prontificou a dividir algo seu com alguém? Como foi fazer essa experiência?

✳ Você valoriza e agradece o alimento que recebe a cada dia? Tem o costume de rezar antes das refeições?

✳ Confeccione pequenos cartões de papel com algumas orações e os distribua aos familiares para que possam rezar juntos antes das refeições.

✦ Sugestão de orações para as refeições

Oração 1:

Senhor, dai pão a quem tem fome...

E fome de justiça a quem tem pão. Amém.

Oração 2:

Obrigado, Senhor, por estes alimentos que vamos tomar agora.

Eles nos sustentarão, dando ao nosso corpo a saúde e a resistência para o trabalho diário.

Que eles sirvam também para nos dar disposição em servir aos mais fracos, aos que não têm saúde, aos que precisam de ajuda. Alimentai, Senhor, o nosso espírito para que saibamos usar bem o nosso corpo e, vivendo em comunhão constante com os irmãos e convosco, cheguemos a participar do banquete celeste preparado por Cristo, Nosso Senhor! Amém.

Oração 3:

Pai, abençoai a nós e a esta refeição para que, fortificados no corpo e na alma, possamos realizar sempre o que vos agrada. Que jamais falte o alimento em nenhuma mesa. Nós vos pedimos por Jesus Cristo, Nosso Senhor. Amém.

(Pai nosso...)

Oração 4:

Antes das refeições:

Abençoai, Senhor,
os alimentos que vamos tomar;
que eles renovem as nossas forças
para melhor vos servir e amar.

Depois das refeições:

Nós vos damos graças, Senhor,
pelos vossos benefícios,
a Vós que viveis e reinais
pelos séculos dos séculos. Amém.

Seus pedidos e intenções de oração da semana

➤ Escreva os nomes das pessoas por quem você quer rezar.

➤ Anote e desenhe situações e motivos que necessitam da sua oração.

ESPAÇO COMPLEMENTAR

33º Encontro

Jesus caminha sobre as águas

O quinto sinal do Evangelho de João é Jesus que caminha sobre as águas. Diante de um mundo atribulado, violento e corrupto somos convidados a nos colocarmos nas mãos de Deus e confiar no seu projeto de salvação.

"Quando viram Jesus caminhando sobre o mar e aproximar-se do barco, eles ficaram com medo, mas Jesus lhes disse: Sou eu, não tenhais medo!" (Jo 6,19-20).

✸ É hora de pensar e registrar o meu encontro

✳ Leia e medite o texto do quinto sinal apresentado por João (Jo 6,16-21) e escreva a mensagem que você tirou do Evangelho.

_____

_____

_____

_____

_____

_____

✳ Por que Jesus diz para os discípulos não terem medo?

_____

_____

_____

_____

_____

_____

✳ O que você faz quando sente medo?

A oração é uma maneira que nos ajuda a ficarmos tranquilos e também a enfrentar os nossos medos.

✳ Você tem o costume de rezar antes de dormir, agradecendo a Deus pelo seu dia? Descreva como se sente após rezar.

_____

_____

_____

_____

Você pode, na sua oração da noite, rezar para o seu anjo da guarda, para que sempre permaneça ao seu lado te conduzindo.

Oração ao Anjo da Guarda
"Santo Anjo do Senhor,
Meu zeloso guardador,
Já que a ti me confiou
A piedade divina,
sempre me rege, me guarde,
me governe e me ilumine.
Amém".

⭐ **Seus pedidos e intenções de oração da semana**

➤ Escreva os nomes das pessoas por quem você quer rezar.

➤ Anote situações e motivos que necessitam da sua oração.

ESPAÇO COMPLEMENTAR

34º Encontro

O cego de nascença

A "cura do cego de nascença" é o penúltimo sinal narrado pelo Evangelista João. Quer mostrar que cego não é somente quem não pode ver fisicamente, mas todos aqueles que não reconhecem Jesus como salvador, que não sabem amar e respeitar o próximo, se achando superiores ou melhores que os demais. Quando enxergamos e conhecemos Jesus somos enviados a testemunhar, doar-se totalmente pelo seu projeto de amor e salvação.

> "Enquanto estou no mundo, sou a luz do mundo. Ao falar isso, Jesus cuspiu no chão, fez um pouco de lama com a saliva, passou nos olhos do cego" (Jo 9,5-6).

✸ É hora de pensar e registrar o meu encontro

✳ Leia e medite a passagem de Jo 9,1-11. Escreva a mensagem que você tira deste evangelho?

✳ Além da cegueira física, o que é ser cego hoje?

✳ Quais cegueiras precisam da cura de Jesus?

✳ Quando ficamos cegos para os ensinamentos de Jesus, o que pode acontecer com o ser humano?

☀ Seus pedidos e intenções de oração da semana

➤ Escreva os nomes das pessoas por quem você quer rezar.

➤ Anote e desenhe situações e motivos que necessitam da sua oração.

ESPAÇO COMPLEMENTAR

35º Encontro

A ressurreição de Lázaro

A "ressurreição de Lázaro" é o sétimo sinal apresentado pelo Evangelista João. Esse último sinal revela-nos que só Cristo pode nos dar vida em plenitude, em abundância. Só Deus pode suprir nossas carências e necessidades.

"Jesus lhe disse: Eu sou a ressurreição e a vida. Quem crê em mim, ainda que esteja morto, viverá" (Jo 11,25).

✦ É hora de pensar e registrar o meu encontro

✳ Leia e medite a passagem do texto de Jo 11,17-44 e escreva uma mensagem que aprendeu com o Evangelho.

✳ Jesus fala que Lázaro não morreu. O que é a morte para Jesus?

✳ Você já perdeu alguém que gostava muito? Descreva essa pessoa e suas qualidades que são importantes para você.

✳ No diálogo com Marta, Jesus lhe faz um convite? Qual?

✦ **Seus pedidos e intenções de oração da semana**

➤ Escreva uma oração por todos os que adormeceram (morreram), para que encontrem lugar no coração de Deus. Depois a reze.

➤ Escreva os nomes das pessoas por quem você quer rezar.

➤ Anote situações e motivos que necessitam da sua oração.

ENCONTROS DE PREPARAÇÃO E CELEBRAÇÃO DE INSCRIÇÃO DO NOME E ENTREGA DO LIVRO SAGRADO

Querido catequizando(a),

Nas próximas semanas você irá receber da Igreja o Livro Sagrado, ou seja, a BÍBLIA!

Será um momento único e inesquecível para sua caminhada de fé.

Para que essa celebração possa acontecer é preciso estar bem preparado(a). É preciso que você, juntamente com seu(sua) catequista e demais catequizandos, se dediquem em organizar cada detalhe da celebração: seja convidando os familiares e amigos para participarem, seja ensaiando os cantos da missa.

Registre, portanto, cada encontro de preparação e atividades, escrevendo:

- quais os compromissos (dia, horário e local dos ensaios e reuniões de preparação);
- como acontecerá a celebração;
- o que você deverá fazer no dia;
- os nomes das pessoas que você convidou para participar;
- os seus sentimentos em poder participar dessa celebração;
- como foi participar da celebração e poder receber a Bíblia;
- e, por fim, escrever quais os compromissos e responsabilidades que assumo perante a Igreja, participando dessa celebração e tendo recebido a Bíblia Sagrada.

Esse é o seu *Diário*, e aqui você poderá relatar passo a passo sua experiência de fé vivida na catequese nessas últimas semanas antes de concluir a primeira etapa.

II PARTE

Meu domingo

Nas próximas páginas, querido catequizando, você irá relatar a partir da Liturgia da Palavra ouvida e meditada em cada celebração dominical (missa), o que mais te chamou a atenção e como você poderá colocar isso em prática no seu dia a dia.

Mas por que devo ir à missa todo o domingo?

O domingo para nós cristãos é o dia por excelência para nos encontrarmos com Deus, dia de festa onde celebramos a "Páscoa Semanal": Memória do dia em que fomos libertos da morte e recebemos a vida nova em Cristo. Dia de nos reunir em comunidade para partilhar a Palavra e repartir o Pão do Corpo e Sangue de Cristo.

A cada domingo somos chamados a celebrar, a viver e a testemunhar o mistério da Páscoa (Paixão, Morte e Ressurreição de Jesus), atualizando-o em nossas vidas.

Organizando-se para participar da missa

Converse com a sua família e combinem um horário para todos os domingos participarem juntos da Santa Missa. Se acaso algum domingo tiverem outra atividade, se organizem e participem em outro horário. Se forem viajar, procurem uma igreja próxima. O importante é não faltar à missa. Deus sempre deve ser colocado em primeiro lugar em nossas vidas.

O que devo fazer após participar da missa?

Ao participar da Santa Missa, preste atenção qual domingo do Ano Litúrgico está sendo celebrado, pois você terá uma folha para cada domingo para escrever o que foi meditado em cada celebração.

Para facilitar sua atividade dividimos os domingos em três tempos, como sugere a organização do Ano Litúrgico:

Primeira parte: Ciclo do Natal

Segunda parte: Ciclo da Páscoa

Terceira parte: Tempo Comum

Mas o que é o Ano Litúrgico mesmo?

A Igreja, guiada pelo Espírito Santo, no decorrer dos séculos se organizou para que os fiéis celebrassem e vivessem da melhor maneira sua fé no Cristo Ressuscitado. Para isso, criou seu próprio calendário chamado de "Ano Litúrgico".

O Ano Litúrgico é composto por dois grandes ciclos, Natal e Páscoa, e por um longo período de 33 ou 34 semanas, chamado de Tempo Comum.

Por que as cores se modificam nas celebrações?

As cores litúrgicas usadas nas celebrações se modificam para identificar o fato e o tempo do Ano Litúrgico que estamos vivendo.

Vamos ler sobre cada uma para compreender o que elas representam.

ROXO

É a cor da penitência. É uma cor forte, que nos leva a refletir, a pensar sobre as mudanças de vida que desejamos fazer. É usada no Tempo do Advento e da Quaresma, e ainda pode ser usada nos Ofícios e Missas dos fiéis defuntos.

BRANCO

Sinal de festa, pureza, alegria. Expressa sempre a cor da vitória da Luz sobre as trevas, da Vida sobre a morte, além de se referir à cor da roupa dos batizados que lavaram e alvejaram suas roupas em Cristo (Ap 7,13-14). É a cor usada no Tempo do Natal e no Tempo Pascal, nas festas do Senhor, de Nossa Senhora, dos anjos e dos santos não mártires. Em dias mais solenes podem ser usadas cores similares ao branco: cinza, pastel, bege, palha, prata, dourado.

VERDE

É a cor da esperança, natureza, referência à esperança da segunda vinda de Jesus. É usada em todo o Tempo Comum, tempo de espera sem grandes acontecimentos.

VERMELHO

O vermelho aparece sempre relacionado ao fogo do Espírito Santo e ao sangue dos mártires. Usado no Domingo de Ramos e na sexta-feira da Semana Santa, em Pentecostes e nas festas dos apóstolos e dos santos mártires.

ROSA

É um preanúncio da alegria, simboliza que a festa se aproxima. Pode ser usado no 3º domingo do Advento e 4º domingo da Quaresma.

Vamos colorir!

Pinte o gráfico explicativo do Ano Litúrgico, com as cores que representam cada Tempo.

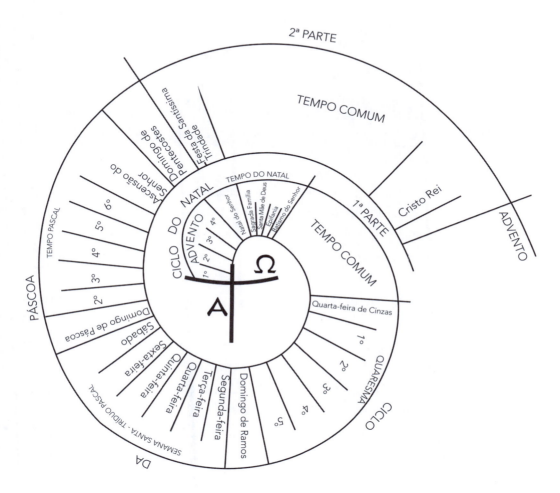

A cada ciclo e a cada domingo vamos meditar sobre a vida de Jesus e seus ensinamentos. Deixemos Cristo transformar a nossa vida. Uma boa celebração a todos!

Primeira parte – CICLO DO NATAL

O Ano Litúrgico da Igreja não coincide com o ano civil. Ele tem início com o **Advento**, período de alegre espera, de esperança, de preparação para a chegada de Cristo que vem no **Natal** e também de seu retorno, sua segunda vinda. Após as quatro semanas do Advento celebramos o mistério da encarnação e do nascimento de Jesus no Natal. O Verbo se faz carne e vem habitar entre nós.

No domingo depois do Natal celebramos a Festa da Sagrada Família, a Solenidade de Maria Mãe de Deus em 1º de janeiro e no domingo seguinte a **Epifania**, onde Jesus se manifesta às nações como o Filho de Deus.

O ciclo do Natal se encerra com a celebração do Batismo do Senhor, que marca o início da missão de Jesus, que culminará com a Páscoa.

LITURGIA DA PALAVRA

MEU DOMINGO
1º Domingo do Advento

Data: ____/____/_____

1ª Leitura:

Cor litúrgica usada ◯

Qual foi a resposta do salmo:

2ª Leitura:

Evangelho:

Descreva nas linhas uma mensagem que você tirou da Liturgia da Palavra e de toda celebração:

_____
_____
_____
_____
_____

MEU DOMINGO
2º Domingo do Advento

Data: ____/____/_____

1ª Leitura:

Cor litúrgica usada ◯

Qual foi a resposta do salmo:

2ª Leitura:

Evangelho:

Descreva nas linhas uma mensagem que você tirou da Liturgia da Palavra e de toda celebração:

_____
_____
_____
_____

LITURGIA DA PALAVRA

MEU DOMINGO
3º Domingo do Advento

Data: ____/____/_____

1ª Leitura:

Cor litúrgica usada ○

Qual foi a resposta do salmo:

2ª Leitura:

Evangelho:

Descreva nas linhas uma mensagem que você tirou da Liturgia da Palavra e de toda celebração:

_____
_____
_____
_____
_____

MEU DOMINGO
4º Domingo do Advento

Data: ____/____/_____

1ª Leitura:

Cor litúrgica usada ○

Qual foi a resposta do salmo:

2ª Leitura:

Evangelho:

Descreva nas linhas uma mensagem que você tirou da Liturgia da Palavra e de toda celebração:

_____
_____
_____
_____
_____

LITURGIA DA PALAVRA

MEU DOMINGO
Celebração do Natal

Data: ____/____/____

1ª Leitura:

Cor litúrgica usada ◯

Qual foi a resposta do salmo:

2ª Leitura:

Evangelho:

Descreva nas linhas uma mensagem que você tirou da Liturgia da Palavra e de toda celebração:

_____
_____
_____
_____
_____

MEU DOMINGO
Festa da Sagrada Família de Jesus, Maria e José

Data: ____/____/____

1ª Leitura:

Cor litúrgica usada ◯

Qual foi a resposta do salmo:

2ª Leitura:

Evangelho:

Descreva nas linhas uma mensagem que você tirou da Liturgia da Palavra e de toda celebração:

_____
_____
_____
_____
_____

LITURGIA DA PALAVRA

1º DE JANEIRO
Solenidade da Santa Mãe de Deus

Data: ___/___/_____

1ª Leitura:

Cor litúrgica usada ○

Qual foi a resposta do salmo:

2ª Leitura:

Evangelho:

Descreva nas linhas uma mensagem que você tirou da Liturgia da Palavra e de toda celebração:

_____
_____
_____
_____
_____

MEU DOMINGO
Solenidade da Epifania do Senhor

Data: ___/___/_____

1ª Leitura:

Cor litúrgica usada ○

Qual foi a resposta do salmo:

2ª Leitura:

Evangelho:

Descreva nas linhas uma mensagem que você tirou da Liturgia da Palavra e de toda celebração:

_____
_____
_____
_____
_____

LITURGIA DA PALAVRA

MEU DOMINGO
Festa do Batismo do Senhor

Data: _____/_____/_____

1ª Leitura:

Cor litúrgica
usada ◯

Qual foi a resposta do salmo:

2ª Leitura:

Evangelho:

Descreva nas linhas uma mensagem que você tirou da Liturgia da Palavra e de toda celebração:

Segunda parte – CICLO DA PÁSCOA

O ciclo da Páscoa começa com a celebração da **Quarta-feira de Cinzas**. Iniciamos assim a **Quaresma**. São quarenta dias nos quais a Igreja nos convida de uma forma especial à prática da caridade, penitência, oração, jejum e, principalmente, conversão. Durante a Quaresma não se canta "aleluias" e nem o hino de louvor, e evita-se ornamentar as igrejas com flores. A Conferência Nacional dos Bispos do Brasil (CNBB) propõe a cada ano, durante este período, uma vivência concreta de gestos de fraternidade em torno de um tema comum. É a chamada Campanha da Fraternidade. Assim a Quaresma se reveste de um significado atual dentro de um convite à reflexão e à prática do amor fraterno.

Ao final da Quaresma inicia-se a **Semana Santa**, que vai desde o **Domingo de Ramos**, onde celebramos a entrada triunfal de Jesus em Jerusalém, anunciando a proximidade da Páscoa até o **Domingo de Páscoa**.

De quinta a sábado celebramos o **Tríduo Pascal**. A liturgia nos propõe que na quinta-feira pela manhã se celebre a missa dos Santos óleos, onde nossos presbíteros (padres) unidos ao bispo fazem a renovação do seu compromisso assumido no dia de sua ordenação, e também são abençoados os óleos dos enfermos e dos catecúmenos e consagrado o óleo do santo crisma (em algumas dioceses essa celebração, por questão pastoral, é realizada na quarta-feira à noite). A Quinta-feira Santa é o dia em que recordamos a instituição da Eucaristia. A Sexta-feira Santa é o único dia do ano em que não se celebra os Sacramentos, mas sim a Paixão e Morte de Jesus. No Sábado Santo é o dia da **Vigília Pascal**, a vigília mais importante, na qual celebramos a Ressurreição do Senhor.

Cinquenta dias após a Páscoa celebramos o Pentecostes, que assinala o início da missão da Igreja iluminada pela presença vivificadora do Espírito Santo. No domingo anterior ao domingo de Pentecostes, a liturgia celebra a Festa da Santíssima Trindade.

LITURGIA DA PALAVRA

QUARTA-FEIRA DE CINZAS

Data: ___/___/_____

1ª Leitura:

Cor litúrgica usada ◯

Qual foi a resposta do salmo:

2ª Leitura:

Evangelho:

Descreva nas linhas uma mensagem que você tirou da Liturgia da Palavra e de toda celebração:

_____
_____
_____
_____

MEU DOMINGO
1º Domingo da Quaresma

Data: ___/___/_____

1ª Leitura:

Cor litúrgica usada ◯

Qual foi a resposta do salmo:

2ª Leitura:

Evangelho:

Descreva nas linhas uma mensagem que você tirou da Liturgia da Palavra e de toda celebração:

_____
_____
_____
_____

LITURGIA DA PALAVRA

MEU DOMINGO
2º Domingo da Quaresma

Data: _____ / _____ / _____

1ª Leitura:

Cor litúrgica usada ⃝

Qual foi a resposta do salmo:

2ª Leitura:

Evangelho:

Descreva nas linhas uma mensagem que você tirou da Liturgia da Palavra e de toda celebração:

_____
_____
_____
_____
_____

MEU DOMINGO
3º Domingo da Quaresma

Data: _____ / _____ / _____

1ª Leitura:

Cor litúrgica usada ⃝

Qual foi a resposta do salmo:

2ª Leitura:

Evangelho:

Descreva nas linhas uma mensagem que você tirou da Liturgia da Palavra e de toda celebração:

_____
_____
_____
_____

LITURGIA DA PALAVRA

MEU DOMINGO
4º Domingo da Quaresma

Data: ____/____/____

1ª Leitura:

Cor litúrgica usada ◯

Qual foi a resposta do salmo:

2ª Leitura:

Evangelho:

Descreva nas linhas uma mensagem que você tirou da Liturgia da Palavra e de toda celebração:

_____
_____
_____
_____
_____

MEU DOMINGO
5º Domingo da Quaresma

Data: ____/____/____

1ª Leitura:

Cor litúrgica usada ◯

Qual foi a resposta do salmo:

2ª Leitura:

Evangelho:

Descreva nas linhas uma mensagem que você tirou da Liturgia da Palavra e de toda celebração:

_____
_____
_____
_____
_____

LITURGIA DA PALAVRA

MEU DOMINGO
Domingo de Ramos da
Paixão do Senhor

Data: ___/___/_____

1ª Leitura:

Cor litúrgica usada

Qual foi a resposta do salmo:

2ª Leitura:

Evangelho:

Descreva nas linhas uma mensagem que você tirou da Liturgia da Palavra e de toda celebração:

_____
_____
_____
_____
_____

TRÍDUO PASCAL

QUINTA-FEIRA SANTA
Missa da Ceia do Senhor

Data: ___/___/_____

1ª Leitura:

Cor litúrgica usada

Qual foi a resposta do salmo:

2ª Leitura:

Evangelho:

Descreva nas linhas uma mensagem que você tirou da Liturgia da Palavra e de toda celebração:

_____
_____
_____
_____

LITURGIA DA PALAVRA

SEXTA-FEIRA DA PAIXÃO DO SENHOR

Data: ____/____/_____

1ª Leitura:

Cor litúrgica usada ◯

Qual foi a resposta do salmo:

2ª Leitura:

Evangelho:

Descreva nas linhas uma mensagem que você tirou da Liturgia da Palavra e de toda celebração:

_____
_____
_____
_____
_____

SÁBADO SANTO VIGÍLIA PASCAL

Data: ____/____/_____

1ª Leitura:

Cor litúrgica usada ◯

Qual foi a resposta do salmo:

2ª Leitura:

Evangelho:

Descreva nas linhas uma mensagem que você tirou da Liturgia da Palavra e de toda celebração:

_____
_____
_____
_____
_____

LITURGIA DA PALAVRA

MEU DOMINGO
Domingo da Páscoa

Data: _____/_____/_____

1ª Leitura:

Cor litúrgica usada ○

Qual foi a resposta do salmo:

2ª Leitura:

Evangelho:

Descreva nas linhas uma mensagem que você tirou da Liturgia da Palavra e de toda celebração:

_____

_____

_____

_____

_____

MEU DOMINGO
2º Domingo da Páscoa

Data: _____/_____/_____

1ª Leitura:

Cor litúrgica usada ○

Qual foi a resposta do salmo:

2ª Leitura:

Evangelho:

Descreva nas linhas uma mensagem que você tirou da Liturgia da Palavra e de toda celebração:

_____

_____

_____

_____

_____

LITURGIA DA PALAVRA

MEU DOMINGO
3º Domingo da Páscoa

Data: _____/_____/_____

1ª Leitura:

Cor litúrgica usada ◯

Qual foi a resposta do salmo:

2ª Leitura:

Evangelho:

Descreva nas linhas uma mensagem que você tirou da Liturgia da Palavra e de toda celebração:

_____
_____
_____
_____
_____

MEU DOMINGO
4º Domingo da Páscoa

Data: _____/_____/_____

1ª Leitura:

Cor litúrgica usada ◯

Qual foi a resposta do salmo:

2ª Leitura:

Evangelho:

Descreva nas linhas uma mensagem que você tirou da Liturgia da Palavra e de toda celebração:

_____
_____
_____
_____
_____

LITURGIA DA PALAVRA

MEU DOMINGO
5º Domingo da Páscoa

Data: _____/_____/_____

1ª Leitura:

Cor litúrgica usada ⭘

Qual foi a resposta do salmo:

2ª Leitura:

Evangelho:

Descreva nas linhas uma mensagem que você tirou da Liturgia da Palavra e de toda celebração:

_____

_____

_____

_____

MEU DOMINGO
6º Domingo da Páscoa

Data: _____/_____/_____

1ª Leitura:

Cor litúrgica usada ⭘

Qual foi a resposta do salmo:

2ª Leitura:

Evangelho:

Descreva nas linhas uma mensagem que você tirou da Liturgia da Palavra e de toda celebração:

_____

_____

_____

_____

LITURGIA DA PALAVRA

MEU DOMINGO
Solenidade da Ascensão do Senhor

Data: _____/_____/_____

1ª Leitura:

Cor litúrgica usada ◯

Qual foi a resposta do salmo:

2ª Leitura:

Evangelho:

Descreva nas linhas uma mensagem que você tirou da Liturgia da Palavra e de toda celebração:

_____
_____
_____
_____
_____

MEU DOMINGO
Solenidade de Pentecostes

Data: _____/_____/_____

1ª Leitura:

Cor litúrgica usada ◯

Qual foi a resposta do salmo:

2ª Leitura:

Evangelho:

Descreva nas linhas uma mensagem que você tirou da Liturgia da Palavra e de toda celebração:

_____
_____
_____
_____
_____

Terceira parte – TEMPO COMUM

Após celebrarmos o Batismo do Senhor iniciamos o chamado **Tempo Comum**, que é constituído por 33 ou 34 semanas. O Tempo Comum se inicia na segunda-feira e se estende até a terça-feira anterior à Quarta-feira de Cinzas, onde é interrompido e dá lugar ao ciclo da Páscoa e retomado na segunda-feira após o Domingo de Pentecostes, que se estende até o sábado anterior ao 1º domingo do Advento.

É um tempo destinado ao acolhimento da Boa-nova do Reino de Deus anunciado por Jesus.

Alguns domingos do Tempo Comum poderão ceder lugar a algumas solenidades como, por exemplo, o 1º domingo do Tempo Comum, que cede lugar à Festa do Batismo do Senhor, bem como outros domingos do Tempo Comum que dão lugar a Pentecostes, a Solenidade da Santíssima Trindade, a Solenidade de São Pedro e São Paulo, a Solenidade da Assunção de Nossa Senhora, a Solenidade de Todos os Santos e a Solenidade de Nosso Senhor Jesus Cristo Rei do Universo. Quando isso ocorre, a cor litúrgica do Tempo Comum também é modificada para identificar o fato/o momento/o acontecimento que está sendo celebrado.

LITURGIA DA PALAVRA

MEU DOMINGO
2º Domingo do Tempo Comum

Data: _____/_____/_____

1ª Leitura:

Cor litúrgica usada ◯

Qual foi a resposta do salmo:

2ª Leitura:

Evangelho:

Descreva nas linhas uma mensagem que você tirou da Liturgia da Palavra e de toda celebração:

_____
_____
_____
_____
_____

MEU DOMINGO
3º Domingo do Tempo Comum

Data: _____/_____/_____

1ª Leitura:

Cor litúrgica usada ◯

Qual foi a resposta do salmo:

2ª Leitura:

Evangelho:

Descreva nas linhas uma mensagem que você tirou da Liturgia da Palavra e de toda celebração:

_____
_____
_____
_____
_____

LITURGIA DA PALAVRA

MEU DOMINGO
4º Domingo do Tempo Comum

Data: ____/____/____

1ª Leitura:

Cor litúrgica usada ◯

Qual foi a resposta do salmo:

2ª Leitura:

Evangelho:

Descreva nas linhas uma mensagem que você tirou da Liturgia da Palavra e de toda celebração:

_____
_____
_____
_____
_____

MEU DOMINGO
5º Domingo do Tempo Comum

Data: ____/____/____

1ª Leitura:

Cor litúrgica usada ◯

Qual foi a resposta do salmo:

2ª Leitura:

Evangelho:

Descreva nas linhas uma mensagem que você tirou da Liturgia da Palavra e de toda celebração:

_____
_____
_____
_____
_____

LITURGIA DA PALAVRA

MEU DOMINGO
6º Domingo do Tempo Comum

Data: _____/_____/_____

1ª Leitura:

Cor litúrgica usada ◯

Qual foi a resposta do salmo:

2ª Leitura:

Evangelho:

Descreva nas linhas uma mensagem que você tirou da Liturgia da Palavra e de toda celebração:

_____
_____
_____
_____
_____

MEU DOMINGO
7º Domingo do Tempo Comum

Data: _____/_____/_____

1ª Leitura:

Cor litúrgica usada ◯

Qual foi a resposta do salmo:

2ª Leitura:

Evangelho:

Descreva nas linhas uma mensagem que você tirou da Liturgia da Palavra e de toda celebração:

_____
_____
_____
_____
_____

LITURGIA DA PALAVRA

MEU DOMINGO
8º Domingo do Tempo Comum

Data: _____/_____/_____

1ª Leitura:

Cor litúrgica usada ◯

Qual foi a resposta do salmo:

2ª Leitura:

Evangelho:

Descreva nas linhas uma mensagem que você tirou da Liturgia da Palavra e de toda celebração:

_____
_____
_____
_____
_____

MEU DOMINGO
9º Domingo do Tempo Comum

Data: _____/_____/_____

1ª Leitura:

Cor litúrgica usada ◯

Qual foi a resposta do salmo:

2ª Leitura:

Evangelho:

Descreva nas linhas uma mensagem que você tirou da Liturgia da Palavra e de toda celebração:

_____
_____
_____
_____
_____

LITURGIA DA PALAVRA

MEU DOMINGO
10º Domingo do Tempo Comum

Data: _____/_____/_____

1ª Leitura:

Cor litúrgica usada ◯

Qual foi a resposta do salmo:

2ª Leitura:

Evangelho:

Descreva nas linhas uma mensagem que você tirou da Liturgia da Palavra e de toda celebração:

_____
_____
_____
_____
_____

MEU DOMINGO
11º Domingo do Tempo Comum

Data: _____/_____/_____

1ª Leitura:

Cor litúrgica usada ◯

Qual foi a resposta do salmo:

2ª Leitura:

Evangelho:

Descreva nas linhas uma mensagem que você tirou da Liturgia da Palavra e de toda celebração:

_____
_____
_____
_____
_____

LITURGIA DA PALAVRA

MEU DOMINGO
12º Domingo do Tempo Comum

Data: _____/_____/_____

1ª Leitura:

Cor litúrgica usada ◯

Qual foi a resposta do salmo:

2ª Leitura:

Evangelho:

Descreva nas linhas uma mensagem que você tirou da Liturgia da Palavra e de toda celebração:

_____

_____

_____

_____

MEU DOMINGO
13º Domingo do Tempo Comum

Data: _____/_____/_____

1ª Leitura:

Cor litúrgica usada ◯

Qual foi a resposta do salmo:

2ª Leitura:

Evangelho:

Descreva nas linhas uma mensagem que você tirou da Liturgia da Palavra e de toda celebração:

_____

_____

_____

_____

LITURGIA DA PALAVRA

MEU DOMINGO
14º Domingo do Tempo Comum

Data: ___/___/_____

1ª Leitura:

Cor litúrgica usada ◯

Qual foi a resposta do salmo:

2ª Leitura:

Evangelho:

Descreva nas linhas uma mensagem que você tirou da Liturgia da Palavra e de toda celebração:

_____
_____
_____
_____
_____

MEU DOMINGO
15º Domingo do Tempo Comum

Data: ___/___/_____

1ª Leitura:

Cor litúrgica usada ◯

Qual foi a resposta do salmo:

2ª Leitura:

Evangelho:

Descreva nas linhas uma mensagem que você tirou da Liturgia da Palavra e de toda celebração:

_____
_____
_____
_____
_____

LITURGIA DA PALAVRA

MEU DOMINGO
16º Domingo do Tempo Comum

Data: _____/_____/_____

1ª Leitura:

Cor litúrgica usada ◯

Qual foi a resposta do salmo:

2ª Leitura:

Evangelho:

Descreva nas linhas uma mensagem que você tirou da Liturgia da Palavra e de toda celebração:

_____

_____

_____

_____

_____

MEU DOMINGO
17º Domingo do Tempo Comum

Data: _____/_____/_____

1ª Leitura:

Cor litúrgica usada ◯

Qual foi a resposta do salmo:

2ª Leitura:

Evangelho:

Descreva nas linhas uma mensagem que você tirou da Liturgia da Palavra e de toda celebração:

_____

_____

_____

_____

_____

LITURGIA DA PALAVRA

MEU DOMINGO
18º Domingo do Tempo Comum

Data: ____/____/____

1ª Leitura:

Cor litúrgica usada ◯

Qual foi a resposta do salmo:

2ª Leitura:

Evangelho:

Descreva nas linhas uma mensagem que você tirou da Liturgia da Palavra e de toda celebração:

_____
_____
_____
_____
_____

MEU DOMINGO
19º Domingo do Tempo Comum

Data: ____/____/____

1ª Leitura:

Cor litúrgica usada ◯

Qual foi a resposta do salmo:

2ª Leitura:

Evangelho:

Descreva nas linhas uma mensagem que você tirou da Liturgia da Palavra e de toda celebração:

_____
_____
_____
_____
_____

LITURGIA DA PALAVRA

MEU DOMINGO
20º Domingo do Tempo Comum

Data: ____/____/____

1ª Leitura:

Cor litúrgica usada ◯

Qual foi a resposta do salmo:

2ª Leitura:

Evangelho:

Descreva nas linhas uma mensagem que você tirou da Liturgia da Palavra e de toda celebração:

_____

_____

_____

_____

_____

MEU DOMINGO
21º Domingo do Tempo Comum

Data: ____/____/____

1ª Leitura:

Cor litúrgica usada ◯

Qual foi a resposta do salmo:

2ª Leitura:

Evangelho:

Descreva nas linhas uma mensagem que você tirou da Liturgia da Palavra e de toda celebração:

_____

_____

_____

_____

LITURGIA DA PALAVRA

MEU DOMINGO
22º Domingo do Tempo Comum

Data: _____/_____/_____

1ª Leitura:

Cor litúrgica usada ◯

Qual foi a resposta do salmo:

2ª Leitura:

Evangelho:

Descreva nas linhas uma mensagem que você tirou da Liturgia da Palavra e de toda celebração:

_____
_____
_____
_____
_____

MEU DOMINGO
23º Domingo do Tempo Comum

Data: _____/_____/_____

1ª Leitura:

Cor litúrgica usada ◯

Qual foi a resposta do salmo:

2ª Leitura:

Evangelho:

Descreva nas linhas uma mensagem que você tirou da Liturgia da Palavra e de toda celebração:

_____
_____
_____
_____
_____

LITURGIA DA PALAVRA

MEU DOMINGO
24º Domingo do Tempo Comum

Data: ____/____/_____

1ª Leitura:

Cor litúrgica usada ◯

Qual foi a resposta do salmo:

2ª Leitura:

Evangelho:

Descreva nas linhas uma mensagem que você tirou da Liturgia da Palavra e de toda celebração:

_____
_____
_____
_____
_____

MEU DOMINGO
25º Domingo do Tempo Comum

Data: ____/____/_____

1ª Leitura:

Cor litúrgica usada ◯

Qual foi a resposta do salmo:

2ª Leitura:

Evangelho:

Descreva nas linhas uma mensagem que você tirou da Liturgia da Palavra e de toda celebração:

_____
_____
_____
_____
_____

LITURGIA DA PALAVRA

MEU DOMINGO
26º Domingo do Tempo Comum

Data: ___/___/_____

1ª Leitura:

Cor litúrgica usada ◯

Qual foi a resposta do salmo:

2ª Leitura:

Evangelho:

Descreva nas linhas uma mensagem que você tirou da Liturgia da Palavra e de toda celebração:

_____
_____
_____
_____
_____

MEU DOMINGO
27º Domingo do Tempo Comum

Data: ___/___/_____

1ª Leitura:

Cor litúrgica usada ◯

Qual foi a resposta do salmo:

2ª Leitura:

Evangelho:

Descreva nas linhas uma mensagem que você tirou da Liturgia da Palavra e de toda celebração:

_____
_____
_____
_____

LITURGIA DA PALAVRA

MEU DOMINGO
28º Domingo do Tempo Comum

Data: ____/____/_____

1ª Leitura:

Cor litúrgica usada ◯

Qual foi a resposta do salmo:

2ª Leitura:

Evangelho:

Descreva nas linhas uma mensagem que você tirou da Liturgia da Palavra e de toda celebração:

_____
_____
_____
_____

MEU DOMINGO
29º Domingo do Tempo Comum

Data: ____/____/_____

1ª Leitura:

Cor litúrgica usada ◯

Qual foi a resposta do salmo:

2ª Leitura:

Evangelho:

Descreva nas linhas uma mensagem que você tirou da Liturgia da Palavra e de toda celebração:

_____
_____
_____
_____

LITURGIA DA PALAVRA

MEU DOMINGO
30º Domingo do Tempo Comum

Data: ____/____/_____

1ª Leitura:

Cor litúrgica usada ◯

Qual foi a resposta do salmo:

2ª Leitura:

Evangelho:

Descreva nas linhas uma mensagem que você tirou da Liturgia da Palavra e de toda celebração:

_____
_____
_____
_____

MEU DOMINGO
31º Domingo do Tempo Comum

Data: ____/____/_____

1ª Leitura:

Cor litúrgica usada ◯

Qual foi a resposta do salmo:

2ª Leitura:

Evangelho:

Descreva nas linhas uma mensagem que você tirou da Liturgia da Palavra e de toda celebração:

_____
_____
_____
_____

LITURGIA DA PALAVRA

MEU DOMINGO
32º Domingo do Tempo Comum

Data: _____/_____/_____

1ª Leitura:

Cor litúrgica usada ◯

Qual foi a resposta do salmo:

2ª Leitura:

Evangelho:

Descreva nas linhas uma mensagem que você tirou da Liturgia da Palavra e de toda celebração:

_____
_____
_____
_____
_____

MEU DOMINGO
33º Domingo do Tempo Comum

Data: _____/_____/_____

1ª Leitura:

Cor litúrgica usada ◯

Qual foi a resposta do salmo:

2ª Leitura:

Evangelho:

Descreva nas linhas uma mensagem que você tirou da Liturgia da Palavra e de toda celebração:

_____
_____
_____
_____
_____

LITURGIA DA PALAVRA

MEU DOMINGO
34° Domingo do Tempo Comum
Solenidade de Nosso Senhor Jesus Cristo Rei do Universo

Data: ____/____/____

Cor litúrgica usada ◯

1ª Leitura:

Qual foi a resposta do salmo:

2ª Leitura:

Evangelho:

Descreva nas linhas uma mensagem que você tirou da Liturgia da Palavra e de toda celebração:

_____
_____
_____
_____

SOLENIDADE DO SANTÍSSIMO SACRAMENTO DO CORPO E SANGUE DE CRISTO (Corpus Christi)

Data: ____/____/____

Cor litúrgica usada ◯

1ª Leitura:

Qual foi a resposta do salmo:

2ª Leitura:

Evangelho:

Descreva nas linhas uma mensagem que você tirou da Liturgia da Palavra e de toda celebração:

_____
_____
_____
_____

Algumas orações cristãs

ORAÇÃO DO PAI-NOSSO

Pai nosso que estais nos céus, santificado seja o vosso Nome, venha a nós o vosso reino, seja feita a vossa vontade, assim na terra como no Céu. O pão nosso de cada dia nos dai hoje; perdoai-nos as nossas ofensas, assim como nós perdoamos a quem nos tem ofendido, e não nos deixeis cair em tentação, mas livrai-nos do mal. (Pois teu é o reino, o poder e a glória para sempre.) Amém.

INVOCAÇÃO AO ESPÍRITO SANTO

Vinde, Espírito Santo,
enchei os corações dos vossos fiéis
e acendei neles o fogo do vosso amor.
Enviai o vosso Espírito, e tudo será criado, e renovareis a face da terra.

Oremos:
Ó Deus,
que instruístes os corações dos vossos fiéis
com a luz do Espírito Santo,
fazei que apreciemos retamente todas as coisas
segundo este mesmo Espírito
e gozemos sempre da sua consolação.
Por Cristo, Senhor nosso. Amém

AVE-MARIA

Ave Maria, cheia de graça (Lc 1,28a), o Senhor é convosco (Lc 1,28b). Bendita sois vós entre as mulheres (Lc 1,42a).

e bendito é o fruto do vosso ventre, Jesus! (Lc 1,42b).
Santa Maria, Mãe de Deus, rogai por nós, pecadores, agora e na hora de nossa morte. Amém!

ORAÇÃO DO *ANGELUS*

L 1: O anjo do Senhor anunciou a Maria,
L 2: e ela concebeu do Espírito Santo.
Todos: Ave Maria, cheia de graça...
L 1: Eis aqui a serva do Senhor,
L 2: faça-se em mim segundo sua palavra.
Todos: Ave Maria, cheia de graça...
L 1: E o Verbo se fez carne
L 2: e habitou entre nós.
Todos: Ave Maria, cheia de graça...
Oremos: Infundi, Senhor, a vossa graça em nossas almas para que, conhecendo pela anunciação do anjo a encarnação de vosso Filho Jesus Cristo, cheguemos, por sua paixão e cruz, à glória da ressurreição.

Por Nosso Senhor Jesus Cristo, vosso Filho, que é Deus convosco, na unidade do Espírito Santo. Amém.

SALVE-RAINHA

Salve, Rainha, mãe misericordiosa, vida, doçura, esperança nossa, salve. A vós bradamos os degredados filhos de Eva. A vós suspiramos, gemendo e chorando neste vale de lágrimas. Eia, pois, advogada nossa, esses vossos olhos misericordiosos a nós volvei, e depois deste desterro mostrai-nos Jesus, bendito fruto de vosso ventre. Ó clemente, ó piedosa, ó doce sempre Virgem Maria.

V.: Rogais por nós, Santa Mãe de Deus.

R.: Para que sejamos dignos das promessas de Cristo.

ORAÇÃO AO ANJO DA GUARDA

"Santo Anjo do Senhor,
Meu zeloso guardador,
Já que a ti me confiou
A piedade divina,
Sempre me rejas, guardes,
governes e ilumines. Amém".

ORAÇÃO PELAS VOCAÇÕES

Jesus, divino Pastor da Santa Igreja, ouvi nossa prece sacerdotal.

Concedei para muitos meninos e jovens, de coração inocente e generoso, a graça do sacerdócio e a perseverança em sua vocação.

Fazei-nos compreender a grande honra e felicidade de termos um padre em nossa família.

Dai-nos a todos sinceros desejos de auxiliar as vocações sacerdotais e religiosas.

Infundi nos formadores do nosso clero, os dons de piedade e ciência para o reto desempenho de sua missão de tanta responsabilidade.

Por intercessão da Virgem Santíssima, santificai e protegei sempre os nossos padres, para que se dediquem com amor e zelo à glória de Deus e à salvação dos homens. Amém.

Conecte-se conosco:

f facebook.com/editoravozes

◉ @editoravozes

𝕏 @editora_vozes

▶ youtube.com/editoravozes

☎ +55 24 2233-9033

www.vozes.com.br

Conheça nossas lojas:
www.livrariavozes.com.br

Belo Horizonte – Brasília – Campinas – Cuiabá – Curitiba
Fortaleza – Juiz de Fora – Petrópolis – Recife – São Paulo

EDITORA VOZES LTDA.
Rua Frei Luís, 100 – Centro – Cep 25689-900 – Petrópolis, RJ
Tel.: (24) 2233-9000 – E-mail: vendas@vozes.com.br

Pe. Thiago Faccini Paro

O Caminho

Subsídio da família para o Advento

Pe. Thiago Faccini Paro

O Caminho

Subsídio da família para o Advento

Colaboradores:
Equipe Diocesana para Animação Catequética

EDITORA VOZES

© 2014, Editora Vozes Ltda.
Rua Frei Luís, 100
25689-900 Petrópolis, RJ
www.vozes.com.br
Brasil

Todos os direitos reservados. Nenhuma parte desta obra poderá ser reproduzida ou transmitida por qualquer forma e/ou quaisquer meios (eletrônico ou mecânico, incluindo fotocópia e gravação) ou arquivada em qualquer sistema ou banco de dados sem permissão escrita da editora.

CONSELHO EDITORIAL

Diretor
Volney J. Berkenbrock

Editores
Aline dos Santos Carneiro
Edrian Josué Pasini
Marilac Loraine Oleniki
Welder Lancieri Marchini

Conselheiros
Elói Dionísio Piva
Francisco Morás
Gilberto Gonçalves Garcia
Ludovico Garmus
Teobaldo Heidemann

Secretário executivo
Leonardo A.R.T. dos Santos

PRODUÇÃO EDITORIAL

Aline L.R. de Barros
Jailson Scota
Marcelo Telles
Mirela de Oliveira
Natália França
Otaviano M. Cunha
Priscilla A.F. Alves
Rafael de Oliveira
Samuel Rezende
Vanessa Luz
Verônica M. Guedes

Projeto gráfico e diagramação: Ana Maria Oleniki
Capa: Ana Maria Oleniki

Este livro foi composto e impresso pela Editora Vozes Ltda.

Introdução

"O que nós ouvimos, o que aprendemos, o que nossos pais nos contaram, não ocultaremos a nossos filhos; mas vamos contar à geração seguinte as glórias do Senhor, o seu poder e as obras grandiosas que Ele realizou." (Sl 78,3-4)

Jesus, ao subir para o Pai, deixa a missão aos apóstolos de levar o Evangelho a todos os povos: *"Ide por todo o mundo, pregai o Evangelho a toda criatura"* (Mc 16,15). Se mais de dois mil anos depois tivemos a oportunidade de conhecer e receber o anúncio do Evangelho, fazer a experiência de Jesus Cristo e de nos tornarmos CRISTÃOS, foi graças aos homens e mulheres que assumiram com fervor o mandamento de Jesus.

Hoje, enquanto pais e responsáveis pelas nossas crianças que estão iniciando o processo catequético em nossas paróquias e comunidades temos que ter bem claro que em primeiro lugar, é função de vocês introduzir as crianças na fé cristã através do testemunho, diálogo e vivência comunitária.

Em seguida, aos que são batizados, cabe aos **padrinhos de Batismo** acompanhar e auxiliar os pais nessa árdua missão. E por fim, cabe à Igreja, que é Mãe e Mestra, através das comunidades e catequistas, complementarem a iniciação cristã dada pelos pais e padrinhos, apresentando às crianças as maravilhas do seguimento de Jesus Cristo. Portanto é indispensável essa interação:

Sendo assim, queremos com estes quatro encontros incentivar vocês, FAMÍLIA, na tarefa de evangelizar vossos filhos; e ajudá-los e transmitir a fé a cada um deles. Portanto, vocês são os primeiros catequistas!

Que possamos assumir com responsabilidade, enquanto família cristã, esta linda missão.

A todos nós, uma boa caminhada, no único CAMINHO: Jesus Cristo, única razão do nosso ser.

Pe. Thiago Faccini Paro e Equipe Responsável

PRIMEIRA ATIVIDADE

Escolher o local e horário para as reuniões em família

A vida de oração pressupõe um grande esforço. Para isto precisamos criar o hábito da oração, ou seja, disciplinar nosso corpo e nossa mente para a meditação da Palavra e o diálogo com Deus frequentemente.

Neste sentido, o primeiro passo é escolher um local em nossa casa que se torne referência e favoreça a nossa oração, seja pessoal ou em família. Sendo assim, reúna toda família, converse com todos os que residem na casa e juntos escolham o melhor lugar para se montar um pequeno oratório para que seja feito o momento de oração da família. Se a casa já tiver um espaço deste, ótimo! É só aproveitá-lo.

Paras as reuniões com grande número de pessoas, o oratório – ou seus objetos (imagens, flores, velas, Bíblia...) – pode ser transferido para o ambiente maior, que possa acomodar a todos.

Depois de escolher o local onde será montado o oratório, é preciso pensar no que será colocado. Observar se a família já possui algumas imagens, vela, flores, Bíblia, entre outras. Neste sentido, pode-se colocar, de acordo com cada realidade, uma imagem da Cruz do Senhor (ou do Cristo Bom Pastor, Cristo Misericordioso), uma imagem de Nossa Senhora ou santo da devoção da família, bem como uma Bíblia para leitura dos textos sagrados, velas e flores, de preferência naturais, nos recordando o nosso Deus Criador, que nos da a Vida.

Todos os membros da casa podem se envolver na preparação do oratório. Um coloca a toalha, outro flores do jardim ou vasinhos já existentes na casa, preparando tudo de acordo com cada realidade e momento.

Quando tudo estiver pronto, combine com todos qual será o dia da semana e o horário em que irão se reunir para juntos rezarem. O tempo do momento de oração fica a critério de cada grupo, família.

Algumas orientações

Dias antes da data combinada para a reunião em família, seria importante alguém da casa se responsabilizar em relembrar a todos e preparar com antecedência o encontro. Ler e providenciar, na medida do possível, os materiais sugeridos para o momento de oração, além de distribuir algumas funções:

1. Animador (pessoa que irá conduzir a reunião);
2. Uma pessoa para ler o texto bíblico;
3. Se tiver alguém que tenha o dom de cantar, pedir para preparar algum canto que os ajude a rezar.

Aqui apresentamos apenas quatro encontros que deverão ser feitos durante as quatro semanas que antecedem o Natal (Tempo do Advento). Estes quatro encontros são apenas incentivo para que a família possa criar o hábito de rezar junto, se ainda não o faz.

Os catequistas poderão orientá-los, em reuniões previamente agendadas, para que as reuniões em família não terminem com estes quatro encontros. É importante que a família se reúna pelo menos uma vez na semana para, juntos, rezarem e partilharem a Palavra de Deus, mesmo sem ter em mãos um roteiro ou subsídio. Podendo usar nesse caso, os textos indicados no *Diário Catequético e Espiritual do Catequizando*, como referência.

DIA DA FAMÍLIA

Sugerimos que a família escolha um dia na semana não só para rezarem juntos, mas para estarem juntos! Que os pais se comprometam em chegar cedo do trabalho, que os filhos se organizem com os deveres da escola, para que na hora marcada, todos reunidos, possam rezar, comer, assistir filmes, brincar; enfim, possam ter pelo menos uma noite dedicado a estarem juntos. Pois do que adianta trabalhar e dar "tudo do bom e do melhor" aos filhos, se o que mais precisam é a presença, o carinho e a atenção? Por isso, sugerimos que adotem como costume familiar o DIA DA FAMÍLIA. Fica a dica!

Rezar em Família
(Encontro a ser realizado na 1ª SEMANA DO ADVENTO)

Palavra inicial: Prezados pais e responsáveis pelos catequizandos. Neste primeiro encontro queremos ajudá-los, se ainda não o fazem, a criar o costume de rezar em família ou ainda ajudá-los no aprofundamento desta experiência.

Material a ser providenciado: Providenciar água-benta e ramos de alguma planta para aspergir a água.

INICIANDO NOSSO ENCONTRO

(Ao redor do oratório preparado previamente, um dos membros da família conduz o pequeno momento de oração)

Animador: Querida família, é com alegria que montamos o oratório em que rezaremos em família. Sinal da nossa adesão e vivência em Cristo, que nos convida constantemente à oração. Neste sentido iniciemos este breve momento de oração traçando sobre nós o sinal da cruz.

Todos: Em nome do Pai, e do Filho e do Espírito Santo. Amém.

Animador: Que a graça e a Paz de Deus nosso Pai, que hoje nos reuniu em nome do seu filho, Jesus Cristo, esteja sempre convosco!

Todos: Bendito seja Deus que nos reuniu no amor de Cristo!

Pedindo a bênção sobre o oratório

Animador: Vamos aspergir agora o nosso oratório com a água-benta, pedindo que Deus abençoe e dignifique este espaço, para que possamos ao seu redor meditar e ouvir sua Palavra, bem como render orações de graças e súplicas ao seu Nome Santo.

Animador: *Deus, Pai amado, que nos convoca à oração, pedimos que este oratório seja sinal da sua presença salvadora e elo de comunhão de todos os residentes desta casa.*

(Alguém da família com ramos de plantas asperge o oratório, bem como todos os presentes)

Leitura do texto bíblico

Animador: Agora atentos, vamos ouvir um pequeno trecho do Evangelho de São Lucas.

Leitor: Lucas 19,1-10.
(Um dos presentes tomando a Bíblia nas mãos e abrindo-a proclama o texto bíblico. Após alguns minutos de silêncio, lê o texto novamente, desta vez pausadamente. Depois de alguns minutos de meditação, os que quiserem podem repetir algum versículo que tenha chamado atenção)

O que a Palavra nos diz

Animador: O bonito deste texto é perceber que Jesus conhece nosso coração e nossa história. Sabe de nossas limitações e também do esforço em busca de uma vida digna e feliz. Zaqueu tinha uma boa vida, com muitos bens materiais, mas não era totalmente feliz. Faltava-lhe algo. Jesus ao olhar nos olhos de Zaqueu, viu o desejo de mudança. Jesus então diz: *"Zaqueu, desce depressa! Hoje eu devo ficar na tua casa"*. Deus sempre é quem toma a iniciativa, quem dá o primeiro passo, que nos convida a estar com Ele. Jesus toma a iniciativa de estar com Zaqueu, que responde prontamente e acolhe o Mestre: "Ele desceu depressa e o recebeu com alegria".

Jesus também conhece cada um de nós hoje aqui presente. Sabe de nossos problemas, conhece nossas alegrias e quer estar conosco. O pequeno oratório que hoje montamos é sinal da acolhida deste Deus, que quer estar no nosso meio. Que quer fazer parte de nossa vida. Hoje mais que os outros dias que passaram, acolhemos Jesus em nossa casa, em nossa família com alegria. Estar reunido, ouvir sua Palavra e deixar Deus habitar em nós, é deixar Ele nos conduzir e transformar nossa vida. Bendito Seja Deus, que hoje nos chamou para segui-lo!

Depois de alguns minutos de meditação, vamos conversar sobre a mensagem que cada um tirou do texto bíblico e que considera importante para a vida pessoal, familiar e de cristão.

Preces e louvores

Animador: Elevemos a Deus, nossas preces e nossos louvores, agradecendo por tudo de bom que Ele nos dá. No final de cada prece vamos dizer: *Obrigado Senhor!*

1. Deus Pai de amor, pedimos por toda nossa família, que hoje se reúne para rezar. Abençoai a cada um de nós. **R.**

2. Deus Pai de amor, te louvamos e agradecemos por esta oportuni-dade de nos reunirmos em teu nome. **R.**
3. Deus Pai de amor, que conhece a cada um de nós, vinde em auxílio de nossas necessidades. **R.**
   (Preces espontâneas...)

Oração do Pai-nosso

Animador: Rezemos de mãos dadas a oração que Jesus nos ensinou: *"Pai nosso que estais nos céus..."*

Oração final

Animador:

Deus Pai de amor, te louvamos por nossa família, por nossos problemas e por nossas alegrias e pela oportunidade que nos destes de hoje nos reunirmos em teu nome. Só Tu, Senhor, é nossa esperança e salvação. Vinde, Senhor, em nosso auxílio. Amém.

Animador: Louvado seja nosso Senhor Jesus Cristo!

Todos: Para sempre seja louvado!

Animador: Vamos encerrar este momento nos abençoando traçando o sinal da cruz na fronte dizendo: *"Deus te abençoe!"*

2 — Tempo de preparação e de espera
(Encontro a ser realizado na 2ª SEMANA DO ADVENTO)

Palavra inicial: Queridos irmãos e irmãs, na oração de hoje vamos começar a refletir sobre o "Tempo do Advento": qual seu significado e importância para nós cristãos. Mas o que é o "Advento"? A Igreja possui um calendário próprio, diferente do calendário civil, chamado de "Calendário Litúrgico". O calendário da Igreja é dividido por períodos, e cada parte quer nos fazer conhecer e aprofundar a fé no mistério do nascimento, vida, paixão, morte e ressurreição de Jesus. Hoje, portanto, vamos conhecer o primeiro período, chamado de "Tempo do Advento".

Material a ser providenciado: Vaso redondo com areia, ramos verde de pinheiro ou outra planta e quatro velas.

INICIANDO NOSSO ENCONTRO

Animador: É com alegria, que mais um dia nos reunimos para juntos rezar em família. Que bom! Iniciemos traçando sobre nós o sinal da cruz.

Todos: Em nome do Pai, e do Filho e do Espírito Santo. Amém.

Animador: Que a graça e a Paz de Deus nosso Pai, que hoje nos reuniu em nome do seu Filho, Jesus Cristo, esteja sempre convosco!

Todos: Bendito seja Deus que nos reuniu no amor de Cristo!

Animador: Vamos invocar o Espírito Santo de Deus, para vir em nosso auxílio, para que possamos ouvir atentamente a Palavra de Deus, meditar e guardá-la em nosso coração. Rezemos juntos:

Todos: *"Vinde Espírito Santo, enchei os corações dos vossos fiéis. E acendei neles o fogo do vosso amor. Enviai o vosso Espírito e tudo será criado, e renovareis a face da terra.*

Oremos: Deus, que instruístes os corações dos vossos fiéis com a Luz do Espírito Santo, fazei que apreciemos retamente todas as coisas, segundo o mesmo Espírito, e gozemos sempre da Sua consolação. Por Cristo Senhor Nosso." Amém!

Leitura do texto bíblico

Animador: Agora atentos vamos ouvir um pequeno trecho do Evangelho de São Lucas.

Leitor: Mateus 3,1-6.11-12.

(Um dos presentes tomando a Bíblia nas mãos e abrindo-a proclama o texto bíblico. Após alguns minutos de silêncio, lê o texto novamente, desta vez pausadamente. Depois de alguns minutos de meditação, os que quiserem podem repetir algum versículo que tenha chamado atenção).

O que a Palavra nos diz

Animador: No Evangelho vemos a figura de João Batista, filho de Isabel, que era prima de Maria a mãe de Jesus. João foi o responsável de preparar o caminho para a vinda de Jesus. Foi ele quem anunciou que o Messias estava próximo e convidou todo o povo à conversão, ou seja, à mudança de vida, ao amor e ao perdão. Assim como João preparou as pessoas para a chegada de Jesus, o TEMPO do ADVENTO cumpre este papel, nos preparando e convidando para acolher Jesus em nossos corações, em nossas famílias, em nossas comunidades. É um tempo de espera e vigilância!

Vigiar significa estar atento. O Advento é momento de vigilante espera do Senhor, de preparar seu caminho, de ir ao seu encontro. Tempo de ESPERANÇA, pois Cristo, é o único que pode dissipar todas as trevas, e transformar nossa vida.

Um dos símbolos do Advento, utilizado pela liturgia, é a COROA DO ADVENTO, formada por um círculo de ramos verde e com quatro velas, que são acesas a cada domingo do Tempo do Advento. Ao acender cada vela, significa que a salvação está próxima, que Deus que conhece nossa vida, nossos medos e dificuldade, se aproxima para nos libertar. Cristo, a LUZ que se aproxima, e aos poucos, dissipa toda a escuridão, e ilumina nossas vidas. À medida que as velas são acesas, acendemos também em nós a alegria e a esperança, nos preparando para acolher Cristo que vem no Natal.

(Depois de alguns minutos de meditação, vamos conversar sobre a mensagem que cada um tirou do texto bíblico e que considera importante para a vida pessoal, familiar e de cristão.)

Podemos confeccionar uma Coroa do Advento para nossa família?

Animador: Assim como a cada domingo nas celebrações da Santa Missa, as nossas comunidades acendem uma vela da Coroa do Advento se preparando para acolher Jesus, assim também nossa família poderá confeccionar uma Coroa do Advento, e a cada semana, durante nossas orações, acender uma vela, preparando nossa casa para acolher Jesus em nossa família.

(Pode-se neste momento confeccionar uma Coroa do Advento para deixar no oratório. Para isso, utilizando-se o material que foi providenciado, os participantes, espontaneamente, colocam a areia no recipiente, encaixam as quatro velas e decoram com os ramos verdes formando um círculo, deixando o meio aberto. Quando estiver pronto, podem ser acesas a primeira e a segunda velas da coroa, que serão apagadas no final do encontro e acesas nos próximos encontros.)

Preces e louvores

Animador: Neste tempo solene de preparação para o Natal, elevemos a Deus, nossas preces para que Ele transforme nosso coração para acolher a Jesus. No final de cada prece vamos dizer: Vinde, Senhor Jesus!

1. Deus Pai Criador, transforma o coração de nossa família, para que possamos estar alegres, atentos e vigilantes na espera do Teu Filho. **R.**

2. Deus Pai de Bondade, acendei em nós a vela da esperança, para que possamos ir com coragem ao teu encontro e ao encontro do teu Filho. **R.**

3. Deus Pai misericordioso, ajudai-nos a exemplo de João Batista, a prepararmos os caminhos do seu Filho, anunciando com alegria as suas maravilhas. **R.**

(Preces espontâneas...)

Oração do Pai-nosso

Animador: Nossas preces prossigamos, rezando a oração que Jesus nos ensinou: *"Pai nosso que estais nos céus..."*

Oração final

Animador:

> *Deus criador, que enviastes João Batista para preparar os caminhos do vosso Filho. Ajudai nossa família, neste Tempo do Advento, a bem se preparar para acolher Jesus em nosso meio, e assim, podermos com alegria, testemunhar as suas maravilhas em nossas vidas. Amém.*

Animador: Louvado seja nosso Senhor Jesus Cristo!

Todos: Para sempre seja louvado!

Animador: Vamos concluir este momento nos abençoando traçando o sinal da cruz na fronte uns nos outros, dizendo: *"Deus te abençoe!"*

Ele está para chegar
(Encontro a ser realizado na 3ª SEMANA DO ADVENTO)

Palavra inicial: No momento celebrativo de hoje, vamos continuar meditando sobre a vinda de Cristo, que vem no Natal.

Material a ser providenciado: Se os ramos da Coroa do Advento estiverem murchados, substituí-los por ramos verdes.

INICIANDO NOSSO ENCONTRO

Animador: Estamos na terceira semana do Advento, e rezando em família nos preparamos para acolher Jesus em nossa casa e em nossos corações. Traçando sobre nós o sinal da cruz iniciemos nosso encontro:

Todos: Em nome do Pai, e do Filho e do Espírito Santo. Amém.

Animador: Que a graça e a paz de Deus nosso Pai, que hoje nos reuniu em nome do seu Filho, Jesus Cristo, estejam sempre convosco!

Todos: Bendito seja Deus que nos reuniu no amor de Cristo!

Animador: Invoquemos o Espírito Santo pedindo que Ele nos ilumine e nos dê entendimento para ouvir e acolher a Palavra de Deus. Rezemos juntos:

Todos: *"Vinde Espírito Santo, enchei os corações dos vossos fiéis. E acendei neles o fogo do vosso amor. Enviai o vosso Espírito e tudo será criado, e renovareis a face da terra.*

Oremos: Deus, que instruístes os corações dos vossos fiéis com a luz do Espírito Santo, fazei que apreciemos retamente todas as coisas, segundo o mesmo Espírito, e gozemos sempre da sua consolação. Por Cristo Senhor Nosso." Amém!

(Acendendo a terceira vela da Coroa do Advento)

Animador: A festa do Natal está cada vez mais próxima. Cristo, a Grande Luz, se aproxima. Marcando esta feliz espera vamos acender a terceira vela da nossa Coroa do Advento.

Um membro da família acende a terceira vela da coroa dizendo:

"Bendito sejas, Deus bondoso, pela luz do Cristo, sol de nossas vidas, a quem esperamos com toda ternura do coração."

Leitura do texto bíblico

Animador: Atentos vamos escutar a passagem do Evangelho segundo São Lucas:

Leitor: Lucas 1,26-38.

(Um dos presentes tomando a Bíblia nas mãos e abrindo-a proclama o texto bíblico. Após alguns minutos de silêncio, lê o texto novamente, desta vez pausadamente. Depois de alguns minutos de meditação, os que quiserem podem repetir algum versículo que tenha chamado atenção).

O que a Palavra nos diz

Animador: Maria, mulher escolhida para gerar o Filho de Deus, Jesus Cristo. Modelo de mãe e exemplo de mulher, Maria foi aquela que disse SIM, que se dispôs ao cumprimento do projeto de Deus. Maria, mesmo com dúvidas e talvez até com medo, é aquela que acredita, confia e se abre a um novo tempo, que se lança nas mãos do Criador. Também nós, podemos não saber o nosso futuro, mas a exemplo de Maria, devemos estar sempre prontos a responder ao chamado de Deus, e a Ele entregar todo nossa vida, confiantes de que faz tudo acontecer na hora e no momento certo.

A exemplo de Maria, somos convidados a gerar Jesus em nós, a acolhê-lo em nossa casa e em nosso coração. Para isso, precisamos arrumar nossa casa, como quem acolhe e espera uma visita muito importante. Para isso, arrumar a casa da nossa vida, significa dar o perdão, estar atento ao outro, confessar-se...

Que possamos de fato, neste tempo de espera, nos preparar com alegria, acolhendo este Deus que vem libertar o seu povo.

(Depois de alguns minutos de meditação vamos conversar sobre a mensagem que cada um tirou do texto bíblico e que considera importante para a vida pessoal, familiar e de cristão).

Preces e louvores

Animador: Elevemos a Deus, que tudo faz para o bem do homem, os nossos pedidos e as nossas preces, para que Ele se digne vir em nosso auxílio.

Todos: Fazei morada em nós, Senhor!

1. Que a exemplo de Maria, possamos dar o nosso SIM a cada dia, no cumprimento que Deus tem para nós. **R.**
2. Que a exemplo de Maria possamos gerar Jesus no seio de nossa família, e acolhê-lo com alegria. **R.**
3. Que a exemplo de Maria, saibamos confiar a Deus todos os nossos medos, angústias e sofrimentos. **R.**

(Preces espontâneas...)

Oração do Pai-nosso

Animador: Iluminados pela sabedoria do Evangelho, rezemos a oração que Jesus nos deixou:

Todos: *"Pai nosso que estais nos céus..."*

Animador: Peçamos a intercessão da Mãe de Deus: *Ave Maria, cheia de graça...*

Oração final

Animador:

> *Deus pai de amor, que escolhestes homens e mulheres para se fazer cumprir o seu projeto de salvação, olhai para nossa família que hoje reunida, espera confiante o cumprimento de vossa promessa. Amém.*

Animador: Louvado seja nosso Senhor Jesus Cristo!

Todos: Para sempre seja louvado!

Animador: Vamos encerrar nosso momento de oração nos abençoando traçando o sinal da cruz na fronte uns nos outros, dizendo: *"Deus te abençoe!"*

Glória a Deus nas alturas
(Encontro a ser realizado na 4ª SEMANA DO ADVENTO)

Palavra inicial: Aproximamo-nos da grande festa do Natal. Jesus, o Filho de Deus, está no meio de nós! Na festa que se aproxima, celebramos o nascimento de Jesus. Cristo que nasce HOJE em nossas vidas, em nossas famílias. Portanto, a liturgia deste tempo não celebra o aniversário de Jesus, e por isso não se canta *"parabéns a Jesus"*.

Material a ser providenciado: Se os ramos da Coroa do Advento estiverem murchados, substituí-los por ramos verdes.

INICIANDO NOSSO ENCONTRO

Animador: A grande festa do nascimento de Jesus se aproxima. A feliz certeza de que Jesus é o nosso libertador, nos enche de alegria. Rezemos, louvando ao Senhor por se dignar enviar seu Filho ao mundo para nos salvar. Sobre nós, tracemos o sinal da cruz iniciando o nosso encontro:

Todos: Em nome do Pai, e do Filho e do Espírito Santo. Amém.

Animador: Que a graça e a Paz de Deus nosso Pai, que hoje nos reuniu em nome do seu Filho, Jesus Cristo, estejam sempre convosco!

Todos: Bendito seja Deus que nos reuniu no amor de Cristo!

Animador: Rezemos pedindo o Espírito Santo, para que nos ilumine nos caminhos que devemos trilhar ao irmos ao encontro do salvador Jesus Cristo. Rezemos juntos:

Todos: *"Vinde Espírito Santo, enchei os corações dos vossos fiéis. E acendei neles o fogo do Vosso amor. Enviai o Vosso Espírito e tudo será criado, e renovareis a face da terra.*

Oremos: Deus, que instruístes os corações dos vossos fiéis com a Luz do Espírito Santo, fazei que apreciemos retamente todas as coisas, segundo o mesmo Espírito, e gozemos sempre da sua consolação. Por Cristo Senhor Nosso." Amém!

(Acender a quarta vela da Coroa do Advento)

Animador: Acendamos a quarta vela da Coroa do Advento, na alegria de que Jesus, a Luz que ilumina nossa vida e a vida de nossa família, se aproxima.

Um membro da família acende a quarta vela da coroa dizendo:

"Bendito sejas, Deus bondoso, pela luz do Cristo, sol de nossas vidas, a quem esperamos com toda ternura do coração."

Leitura do texto bíblico

Animador: Ouçamos as palavras do santo Evangelho segundo Lucas:

Leitor: Lucas 2,1-20.

(Um dos presentes tomando a Bíblia nas mãos e abrindo-a proclama o texto bíblico. Após alguns minutos de silêncio, lê o texto novamente, desta vez pausadamente. Depois de alguns minutos de meditação, os que quiserem podem repetir algum versículo que tenha chamado atenção)

O que a Palavra nos diz

Animador: Com o SIM de Maria e de José, o projeto do Pai se cumpre. Jesus se faz presente em nosso meio. Porém, esta caminhada não foi fácil. Muitos fecharam as portas e não acolheram esta família. Jesus nasce pobre e se faz pobre para mostrar qual o reino que Ele viria anunciar. Na simplicidade, José, Maria e Jesus formam o modelo e exemplo de família. E os pastores, excluídos e abandonados pela sociedade, são os primeiros a receber o anúncio do nascimento de Jesus. E nós, o que faríamos se José e Maria batessem em nossa porta pedindo auxílio? Se fosse nós que recebêssemos o anúncio feito pelos anjos? Qual seria nossa reação?

Quantas vezes nos esquecemos que Jesus nasceu por amor a nós? Quantas vezes por egoísmo fechamos as portas a Deus, deixando de ajudar os mais pobres? Colocando o serviço e tantas outras coisas em primeiro lugar, e deixando Cristo e a Igreja? Quantas vezes nos esquecemos de louvar e agradecer a Deus pelo pouco ou muito que temos?

A cada dia Deus nos dá uma nova chance de sermos melhores, de acolhermos Jesus em nossa vida. Que este ano, coloquemos Deus em primeiro lugar em nossa família, nos comprometendo em participar todos juntos das celebrações natalinas, bem como rezar e acolher os mais pobres.

(Depois de alguns minutos de meditação vamos conversar sobre a mensagem que cada um tirou do texto bíblico e que considera importante para a vida pessoal, familiar e de cristão.)

Preces e louvores

Animador: Confiantes, supliquemos ao Senhor que tenha misericórdia de cada um de nós, e nos ajude a acolher Jesus em nossa família.

Todos: Eis-nos aqui, Senhor!

1. Que saibamos acolher com alegria a Sagrada Família em nosso meio. **R.**

2. Que possamos estar atentos para acolher Jesus presente nos pobres e necessitados. **R.**

3. Que saibamos louvar e agradecer tudo o que de graça recebemos da infinita bondade de Deus. **R.**

(Preces espontâneas...)

Oração do Pai-nosso

Animador: Rezemos com amor e confiança a oração que Jesus nos ensinou: *"Pai nosso que estais nos céus..."*

Animador: Peçamos a intercessão da Mãe de Deus: *"Ave Maria, cheia de graça..."*

Oração final

Animador:

> *Deus pai bondoso, que nossa casa saiba acolher e ter como modelo e exemplo a Sagrada Família de Nazaré, onde na simplicidade possamos acolher e fazer a Tua vontade. Amém.*

Animador: Louvado seja nosso Senhor Jesus Cristo!

Todos: Para sempre seja louvado!

Animador: Vamos encerrar este momento de oração com todos se abençoando traçando o sinal da cruz na fronte dizendo: *"Deus te abençoe!"*

Na noite e no dia do NATAL

Palavra inicial: Queridos pais e responsáveis pelos catequizandos, na noite que antecede o Natal a Igreja celebra a "Vigília do Natal", e no dia 25 a missa do dia. São duas celebrações importantes para nós cristãos, com liturgias próprias, ou seja, a missa da noite do dia 24 não é a mesma liturgia da missa do dia 25. Sendo assim, seria muito importante que a família se organizasse para participarem juntos destas duas celebrações. Além do mais, se a família tem o costume de se reunir para a ceia e para o almoço de Natal, sugerimos que aproveitem este momento para rezar, agradecer e louvar a Deus pelos alimentos colocados à mesa. Segue abaixo sugestão de oração.

Para a noite do dia 24 de dezembro

Minutos antes da meia noite, todos se reúnem de mãos dadas num espaço que possa acomodar a todos. Alguém da família inicia com o sinal da cruz o momento de oração, e convida todos a rezarem, louvando e agradecendo a Deus pelo dom da Família, por estarem reunidos mais um ano. Se for oportuno, pode-se incentivar os que quiserem a expressar sua gratidão por aquele momento. Logo após convida a todos a rezarem a oração do Pai-nosso e conclui com a oração que poderá ser preparada previamente em pequenas tarjas de papel ou em um cartaz visível a todos.

Deus pai de amor, que nesta noite nos reuniste enquanto família, irmãos e irmãs, amigos e amigas. Dignai-vos abençoar a nós e estes alimentos que hoje colocastes em nossa mesa e de modo especial, abençoai todas as famílias que não o tem. Que nesta noite possamos acolher o seu Filho Jesus em nossos corações, em nossas vidas. Amém.

(Todos se cumprimentam e desejam Feliz Natal)

Para o almoço do dia 25 de dezembro

Ao redor da mesa todos rezam juntos a oração do Pai-nosso e depois conclui-se com a oração abaixo:

Celebrando hoje, Pai de bondade, o nascimento do seu Filho Jesus Cristo. Queremos louvá-lo e agradecê-lo por nossa família, pelos amigos e amigas. Que estes alimentos hoje colocados em nossa mesa, seja sustento para o nosso corpo enquanto caminhamos neste mundo, até o dia que estaremos face a face contigo. Louvado Seja Nosso Senhor Jesus Cristo: Para sempre seja louvado!

ORAÇÃO À SAGRADA FAMÍLIA[1]

(Papa Francisco)

Jesus, Maria e José,
em Vós, contemplamos
o esplendor do verdadeiro amor, a Vós, com confiança, nos dirigimos.

Sagrada Família de Nazaré,
tornai também as nossas famílias
lugares de comunhão e cenáculos de oração,
escolas autênticas do Evangelho
e pequenas Igrejas domésticas.

Sagrada Família de Nazaré,
que nunca mais se faça, nas famílias, experiência
de violência, egoísmo e divisão:
quem ficou ferido ou escandalizado
depressa conheça consolação e cura.

Sagrada Família de Nazaré, [...]
Jesus, Maria e José, escutai,
atendei a nossa súplica.

---

[1] Oração à Sagrada Família composta e recitada pelo Papa Francisco após o Angelus – Domingo, 29 de dezembro de 2013 – Rádio Vaticano. Disponível em: http://pt.radiovaticana.va/news/2013/12/29/oração_a_sagrada_fam%C3%ADlia,_recitada_pelo_papa_francisco_no_domingo_da/por-759690. Acesso: 04/jul/2014.

Para contribuir com a experiência de oração em família, oferecemos o *Subsídio da família para o Advento* contendo um pequeno roteiro para quatro encontros a serem realizados no decorrer das quatro semanas do Tempo do Advento.

Com este *Subsídio* pretende-se incentivar a família a criar uma rotina para se reunir e rezarem juntos, como também ajudar na tarefa de evangelizar e transmitir a fé a seus filhos.

www.vozes.com.br
vendas@vozes.com.br